EDUCAÇÃO SEXUAL

em 8 lições

**Como orientar da infância à adolescência
Um guia para professores e pais**

Academia do Livro

Editor: Luis Coutinho
Projeto gráfico: Diego Brandão
Revisão: Laura Muller
Capa: Diego Brandão

Muller, Laura

Educação sexual em 8 lições : como orientar da infância à adolescência : um guia para professores e pais. 1. ed. - São Paulo : Academia do Livro, 2013.

ISBN 978-85-65101-08-0

1. Educação sexual 2. Professores - Formação profissional 3. Educação sexual para crianças 4. Educação sexual para professores 5. Pais e filhos

Academia do Livro

Editora Academia do Livro Dist. E com. Ltda.
CNPJ: 13.516.634/0001-43
INC: 147.974.119.111
Rua Fausto, 476 Ipiranga- São Paulo - CEP: 04285-080
Tel.: (11) 2339-8987
E-mail: faleconosco@academiadolivro.com.br
luiscoutinho@academiadolivro.com.br

SUMÁRIO

APRESENTAÇÃO

O que é este livro? A quem se destina? No que pode ajudar? Vamos lá: escrevi este livro pensando em quem educa crianças, pré-adolescentes e adolescentes. Ou seja:

1) nos pais e na família como um todo; e

2) nos professores, orientadores, gestores e na equipe das creches e escolas, desde a Educação Infantil, passando pelo Ensino Fundamental e chegando ao Ensino Médio.

Pode ser, na verdade, uma leitura interessante para todos os que lidam ou convivem de alguma forma com crianças e adolescentes: avós e outros familiares, especialistas das mais variadas áreas e profissionais de ajuda a toda essa criação e educação.

Meu objetivo com as páginas que seguem é fornecer meios aos educadores – em especial os professores e os pais – para fazer uma educação sexual de qualidade da infância à adolescência. E de forma bem clara, franca e objetiva, para que saibam mais sobre como educar sexualmente a criança de 0 a 10 anos, o pré-adolescente de 11 a 14 anos e o jovem de 15 a 17 anos. Não é tarefa fácil, sabemos todos. Mas é algo fundamental para que meninos e meninas se tornem, no futuro, adultos capazes de viver o sexo e a sexualidade de forma saudável, responsável e prazerosa.

Vale lembrar que é sugestão dos Parâmetros Curriculares Nacionais, desde 1997, que o tema sexualidade seja transversal no ensino a partir dos 6, 7 anos de idade. Mas como fazer isso? Será que professores e escolas estão preparados para lidar com esse assunto? E os pais? Como se sentem e o que pensam em relação a esse tema? Como é a educação sexual feita em casa? Aqui cabe ressaltar também que os pais são os principais modelos para os filhos, de como ser homem e ser mulher no mundo. Ou seja, os pais são, desde cedo, os principais educadores.

Escrevi este livro para ajudar a esclarecer um pouco mais sobre essas e outras questões da educação sexual na atualidade, uma tarefa tão complexa, polêmica e delicada. E que gira em torno de um assunto central a ser abordado em variadas etapas da vida, mais ainda tabu na nossa cultura, que é a sexualidade humana. Boa leitura!

Laura Muller

LIÇÃO 1

A sexualidade humana
Os principais conceitos

Nesta primeira lição vamos começar a esclarecer um dos temas mais tabus da nossa cultura: a sexualidade. Qual a diferença entre sexo e sexualidade? E entre sexo e gênero? Mais do que isso: quais são os principais significados de homo, hetero e bissexualidade? Essas e outras questões abordadas a partir de agora serão de grande valia para a compreensão e educação sexual da criança, do pré-adolescente e do adolescente. Então vamos começar?

De olho nos significados

Sexualidade é um conceito amplo e tem a ver com a maneira única de ser de cada pessoa. Ou seja, sexualidade é:

• O nosso jeito de ser homem e de ser mulher no mundo;

• O modo como cada pessoa se relaciona consigo, o que inclui seu corpo e também seu mundo interno, composto por seus valores, suas crenças, sua história de vida, suas emoções, seus sentimentos, seus pensamentos, suas sensações e suas intuições;

• A forma de cada pessoa se relacionar com o mundo ao redor, que é o cenário em que estamos inseridos, composto pelas pessoas que nos cercam e por todo o ambiente social, cultural, político, econômico, tecnológico e histórico em que vivemos. Sexualidade, portanto, vai bem além do que o ato sexual em si.

Já sexo, conforme abordaremos aqui, é outra coisa. Podemos dizer que sexo é:

• Contato físico, ou virtual, composto por todo tipo de prática que pode despertar desejo, excitação, orgasmo e prazer;

• Algo que ocorre a partir da estimulação erótica desencadeada por meio dos nossos cinco sentidos (tato, olfato, visão, audição e paladar) e também da imaginação;

• Uma prática do mundo adulto, mas que em geral começa a ser experimentada na adolescência: no Brasil, segundo pesquisas do Ministério da Saúde e da Educação, a idade média de iniciação sexual é entre 15 e 17 anos de idade (meninos costumam se iniciar entre 15 e 16 anos; meninas entre 16 e 17 anos).

Cabe incluir no conceito de sexo que esta é uma prática vetada ao adulto em relação à criança, ao pré-adolescente e ao adolescente. Adulto não pode em hipótese alguma ter carícias e práticas sexuais com eles: isso seria pedofilia, algo que atrapalha todo o desenvolvimento biopsicossocial da vítima de tais práticas. E que é crime no nosso país!

Vale lembrar que é considerado prática sexual qualquer contato feito com as mãos, a boca, a região genital (pênis, vagina, ânus e redondezas) ou outra parte do corpo (pernas, pés etc.), com o objetivo de sentir prazer sexual. Prática sexual pode ser também manter conversas eróticas, pessoalmente ou utilizando outros meios, como telefone ou internet, com o intuito de estimular o desejo e obter prazer. Por exemplo, pedir para a criança ou o jovem fazer algo erótico, como posar para a câmera de foto ou vídeo, se despir ou ter qualquer outro tipo de atitude desse tipo, é também uma prática sexual. E tudo isso é proibido na nossa cultura, pois é pedofilia ("pedo" vem do latim "paedo" que significa "criança"; "filia" deriva do grego "philos" que é "amigo"). Nos dicionários, o termo pedofilia aparece como "perversão que leva um indivíduo adulto a se sentir sexualmente atraído por crianças (ou por pré-adolescentes e adolescentes)". Pedófilo é "quem sente a impulsão da pedofilia e/ou a pratica".

Sexo e gênero

É importante trazer aqui mais alguns significados, como o de sexo, e diferenciá-lo de gênero. Vamos começar com o verbete sexo. No Dicionário Houaiss da Língua Portuguesa vem descrito como:

1) Conformação física, orgânica, celular, particular que permite distinguir o homem e a mulher, atribuindo-lhes um papel específico na reprodução;

2) Nos animais, conjunto das características corporais que diferenciam, numa espécie, os machos e as fêmeas e que lhes permitem reproduzir-se;

3) Nos vegetais, conjunto de características que distinguem os órgãos reprodutores femininos e masculinos;

4) Conjunto das pessoas que pertencem ao mesmo sexo;

5) Sensualidade, lubricidade (desejo; excitação; lascívia; libidinagem; luxúria; tesão; volúpia); sexualidade;

6) Conjunto dos órgãos sexuais; genitália; (fazer sexo) ter relações sexuais; copular.

Ou seja, a palavra sexo, além de se referir ao prazer, é também utilizada para distinguir o homem da mulher, o sexo masculino do feminino. Agora cabe diferenciar esse último significado do conceito de gênero, pois às vezes há confusão.

O sexo com o qual cada um de nós nasce, ou seja, masculino ou feminino, não é a mesma coisa do que o gênero que nos atribuem, embora um decorra do outro. Sexo é a diferença do corpo, as propriedades estruturais e funcionais que oferecem as possibilidades e as limitações do que podemos ser. Isso inclui os hormônios e as possibilidades da vida reprodutiva. Por exemplo, quem é do sexo feminino, se tudo estiver correndo bem, a partir da puberdade começa a amadurecer óvulos e pode engravidar. Mas não pode produzir, por exemplo, espermatozoides. Já quem é do sexo masculino, se tudo estiver correndo bem, pode produzir os espermatozoides a partir da puberdade. Mas não pode liberar óvulos e engravidar. Esses são exemplos de possibilidades e limitações do sexo com o qual nascemos.

Já o gênero se relaciona com a identidade de cada um de nós. É a categoria social que recebemos ao nascer. Ou até mesmo ainda na barriga da mãe, quando os exames apontam "é uma menina", ou "é um menino", com base no sexo do corpo. Em linhas gerais, podemos dizer que gênero se relaciona ao conjunto de papéis que se espera dos dois sexos. Isso varia muito de cultura para cultura, de momento histórico para momento histórico. E de pessoa para pessoa: cada um viverá o seu gênero à sua maneira, que é única.

A partir daqui, é importante olhar para algumas variações no jeito de ser e de viver a sexualidade, e entender os principais conceitos. Vamos lá:

• Transexual – É o indivíduo que tem uma identidade de gênero oposta da designada no nascimento. Ou seja, pode ser a pessoa que tem o corpo do sexo masculino e foi criada como homem, mas se sente genuinamente uma mulher. E vice-versa. Nesses casos, muitas vezes se utiliza cirurgia e tratamento hormonal para adequar o corpo da pessoa ao gênero com o qual ela se identifica na essência.

• Travesti – É a pessoa que se traveste. Ou seja, que se veste ou se disfarça com roupas do sexo oposto.

• Transgênero – É a pessoa que expressa uma identidade de gênero que não corresponde aquela que foi designada no nascimento. Por exemplo, pode ser a pessoa que tem o corpo do sexo masculino e foi criada como homem, mas se expressa na atualidade como sendo uma mulher. E vice-versa. É diferente de transexual: esta pessoa se sente, e não apenas se expressa, como sendo do sexo e do gênero oposto ao que lhe foi atribuído.

Homo, hetero e bissexualidade

Observe que não falamos até agora, nos conceitos já descritos, sobre a questão das nossas preferências e dos nossos desejos quando o assunto é relacionamento sexual. Vamos a isso:

• Homossexual – É a pessoa que sente desejo por alguém do mesmo sexo. Não é nada de errado, doentio, ou sujo. É apenas o jeito como esta pessoa sente a atração sexual.

• Heterossexual – É aquela pessoa que tem desejo sexual por alguém do sexo oposto. A maioria das pessoas no mundo se declara como sendo heterossexual, o que não quer dizer que quem não se sente assim esteja errado de alguma forma.

• Bissexual – É quem sente desejo sexual por pessoas de ambos os sexos, masculino e feminino. Aqui mais uma vez não há nada de errado, doentio ou sujo. Trata-se apenas de como esta pessoa direciona o seu desejo sexual.

E o que define se a gente vai ser homo, hetero ou bissexual nas nossas relações amorosas e sexuais? Vamos por partes aqui para entender bem essa questão tão polêmica. Toda pessoa nasce com um jeito único de ser e também vive com uma história única, que inclui seus valores, suas crenças, suas ideias, seus pensamentos, seus sentimentos, seus desejos, suas expectativas, suas sensações, suas intuições e tudo o mais a seu respeito. É com esse jeito único com o qual nascemos e com o qual vivemos que, a partir do empurrão hormonal da pré-adolescência, vamos começar a sentir desejo:

a) por alguém do mesmo sexo; **b)** por alguém do outro sexo; ou **c)** por alguém de ambos os sexos.

Ou seja, vamos começar a nos sentir como uma pessoa: a) homossexual; b) heterossexual; ou c) bissexual.

Esse desejo que sentimos simplesmente brota em nós. Não é algo que temos controle: não dá para dizer "quero ter desejo por aquela pessoa" e assim o sentir. O desejo virá, a gente querendo ou não.

O que temos controle é sobre o que fazemos com esse desejo que brotou em nós. Por exemplo, há pessoas que sentem desejo por alguém do mesmo sexo, mas por motivos variados, que podem até incluir a questão do preconceito ainda existente contra a homossexualidade, preferem não viver esse desejo. E optam por se casar com alguém do sexo oposto, ou seja, por viver uma relação heterossexual.

Outra coisa importante para saber é a questão dos jeitos e trejeitos. Há pessoas mais femininas, outras mais masculinas no seu modo de ser e de se expressar. Mas isso não quer dizer necessariamente homossexualidade, heterossexualidade ou bissexualidade. Por exemplo, um garoto que tem um jeito mais feminino, ou uma garota que tem um jeito mais masculino. É equivocado associar isso à homossexualidade. O homem pode se expressar de modo mais feminino e ser heterossexual, assim como a mulher pode se expressar de jeito mais masculino e também ser heterossexual.

A homossexualidade tem a ver com o nosso desejo sexual, e não necessariamente com a forma como nos vestimos ou nos expressamos no mundo. Professores e pais precisam estar bastante conscientes desses conceitos, para poderem oferecer uma educação sexual de qualidade a seus alunos e filhos. E também para serem capazes de acolher e respeitar as diferenças.

Aqui entramos na questão da tolerância à diversidade: não é porque a outra pessoa é diferente de mim que ela é errada. Ou que tem menos direitos do que eu. Ou que merece ser punida ou boicotada de alguma forma. Ou qualquer outra coisa negativa em relação a ela. Somos todos diferentes nesse mundo, vale lembrar. Nenhum ser humano é igual a outro. Até gêmeos idênticos, criados na mesma casa, na mesma escola, não são iguais no seu jeito de ser. Cada pessoa é única, com seu corpo, sua história de vida, seus desejos, suas expectativas e seu jeito de ser. Isso deve ser respeito.

E se cada um de nós é único, a tolerância à diversidade deve ser uma prática constante na nossa vida, pois somos todos diversos, ou seja, diferentes uns dos outros.

O processo de desenvolvimento

Pode ser interessante ainda esclarecer mais alguns conceitos, como o de desenvolvimento biopsicossocial. O ser humano é um ser:

• Biológico, ou seja, que tem um corpo, com um funcionamento específico e único. E que passa por um processo de desenvolvimento marcado por diversas etapas: infância, pré-adolescência, adolescência, fase adulta jovem, fase adulta madura e terceira idade.

• Psicológico, ou seja, que tem uma psique, algo que pode ser definido como um mundo interno, composto por sentimentos, pensamentos, intuições, percepções, ideias, fantasias e tudo o mais em torno disso.

• Social, ou seja, que está inserido em uma cultura, em um mundo externo, composto por um ambiente social, histórico, político, econômico, tecnológico. Esse ambiente nos constitui como seres humanos e, ao mesmo tempo, é constituído (criado) por nós.

Portanto, o conceito de desenvolvimento biopsicossocial se relaciona a um processo contínuo de amadurecimento pelo qual todos nós passamos e que envolve todos esses aspectos da nossa vida. Ou seja, tudo o que a gente vive envolve estes três aspectos: o biológico, o psicológico e o social.

Isso equivale a dizer que somos um todo: por exemplo, se

algo não anda bem no corpo, interferirá em alguma medida nos outros aspectos. E vice-versa. É importante saber disso ao olhar para a sexualidade: o que vivemos nessa área tem a ver com a nossa história e nosso jeito de ser como um todo. Ao educar da infância à adolescência, precisamos ter sempre isso em mente para não correr o risco de fazermos uma educação pela metade. Por exemplo, orientando apenas sobre as questões corporais (o aspecto biológico da gravidez, das doenças etc.) e se esquecendo de abordar as implicações emocionais e culturais (os valores, as crenças etc.).

Para concluir os conceitos, vale saber que todos nós nascemos com uma sexualidade. A criança, bem como o pré-adolescente e o adolescente, todos têm sexualidade. Já sexo é outra história: essa é uma prática que pode ou não ser vivida por nós. Sabemos que essa vivência será plenamente possível no mundo adulto. Mas, para algumas pessoas, como revelam as pesquisas nacionais, terá o início na adolescência, estilingadas pelo empurrão hormonal que em geral se dá na fase anterior, a pré-adolescência. Entender que tudo isso faz parte da nossa vida, desde o princípio, pode nos ajudar a compreender a importância de abrir espaço para a prática da educação sexual desde cedo, em casa e na escola. E, claro, na sociedade como um todo.

Falaremos mais sobre isso nos capítulos seguintes. Vamos agora passar à próxima lição e dar uma olhada em algo que considero de grande valia: a história da sexualidade.

LIÇÃO 2

A história da sexualidade
Os fatos mais marcantes

Nesta segunda lição, é hora de falar da nossa história da sexualidade. O que será que os fatos marcantes na história podem revelar sobre nós mesmos nesse campo do comportamento sexual? E para quê saber mais sobre isso? O que isso tem a ver com a educação atual de crianças, pré-adolescentes e adolescentes?

Tem tudo a ver! O que vivemos hoje nos relacionamentos amorosos e sexuais tem a ver com toda a história da sexualidade. Como será que se deu a evolução do comportamento sexual de homens e mulheres ao longo dos tempos? Quais são os fatos marcantes que promoveram transformações sentidas e vividas até hoje? O que mudou para melhor? O que deixou resquícios negativos ou nada saudáveis? Vamos olhar para isso de forma bem didática e cronológica. Saber pelo que passou a humanidade é muito interessante. E revelador! Vamos então entender um pouco dessa nossa longa história. Ou melhor, partiremos lá de trás mesmo, da pré-história da sexualidade humana.

A pré-história da sexualidade

Dois bilhões de anos atrás. Surge vida na Terra. Muito tempo se passa e muita evolução ocorre. Entre 100 e 40 mil anos atrás, é a vez de surgir o Homo Sapiens, o homem atual.

A Idade da Pedra começa nos primórdios da humanidade prossegue até 6.000 anos atrás. Nesse início, o sexo era praticado de forma bem diferente do que nos dias atuais. O objetivo era apenas a busca de prazer. A prática pode ocorrer a qualquer momento, de qualquer forma, entre quaisquer pessoas. Mais evolução se dá surge a caça. O homem sai para praticá-la. A mulher fica: afinal, passa a maior parte do seu tempo grávida ou amamentando, fruto das relações sexuais mantidas de forma indiscriminada. Para manter a estabilidade demográfica do grupo, entra naturalmente em cena o infanticídio, a morte às crianças recém-nascidas.

Ao ficar, a mulher precisa prover alimento para si e seus filhos. Aprende então a cultivar a terra. Isso seria bastante útil também num futuro não tão próximo, mas marcante para a história da sexualidade: ao aprender cada vez mais a lidar com plantas e ervas, descobre que é possível usar algumas delas para evitar a gravidez. Aliados a isso, o sexo anal e a abstinência sexual emergem como métodos contraceptivos.

Aos poucos, começa o contato entre as tribos e o acasalamento com pessoas de fora do próprio grupo. Com isso, começa-se a perceber estranhezas e defeitos em quem era fruto de acasalamentos dentro do mesmo grupo. Ou seja, de relações entre mães e filhos, entre irmãos e irmãs, que passam então a ser proibidas. Ou seja, surge o tabu do incesto. Começam aqui as normas para o sexo, até então vivido sem regra alguma.

Mais um longo tempo se passa e surge a agricultura e o pastoreio. Ao praticar a agricultura, o homem se apropria do contato com a terra, que antes cabia à mulher. Com o pastoreio, ele se apropria dos animais, mas não só: aos poucos, faz da mulher também uma propriedade. Começaria aqui a dominação masculina.

Ainda na pré-história, a Idade da Pedra cede lugar à Idade dos Metais, que vai de 6.000 a 3.000 anos atrás. Aqui a cultura passa a se basear na fabricação de instrumentos e utensílios de metal. E ocorre algo de extraordinário: o desenvolvimento da escrita, que marca a transição da pré--história à história da humanidade.

Egito Antigo

Do desenvolvimento da escrita a 476 d.C, é o período chamado Antiguidade. A sexualidade aqui é vivida de forma diferente. No Egito Antigo (4241 a.C a 523 a.C), por exemplo, não existe o tabu do incesto que emergiu na Idade da Pedra com o contato entre os grupos diversos. Na família real e nas classes superiores, ocorrem com naturalidade os casamentos entre irmãos. Isso se dá por dois motivos básicos:

1) acredita-se que a família real é filha de deuses e, portanto, tem de se acasalar para manter a linhagem divina; e

2) assim também se preservam os bens da família.

É uma época em que surgem vários mitos para explicar o que não se compreende. Como a criação do Universo. Alguns desses mitos relacionam essa criação com o coito ou à masturbação masculina. Emerge daí o culto ao falo (o pênis) durante os rituais sagrados. Isso daria origem a séculos de valorização do órgão genital masculino. Algo que chegaria até os dias atuais e que pode ser percebido em crenças como a de que "tamanho é documento".

Grécia Antiga

A sexualidade é vivida com outras particularidades na Grécia Antiga (1600 a.C a 146 a.C). Aqui, por exemplo, a prostituição é comum. Há quatro tipos:

1) as hetairas, cortesãs de alto nível, belas, cultas e treinadas desde pequenas;

2) as palakinas, que substituem a esposa no sexo com o marido, quando a mulher dele está grávida ou doente;

3) as concubinas, que são inferiores às hetairas na escala social e acabam vendidas aos bordéis quando os donos se cansam delas; e

4) as prostitutas de rua.

As mulheres gregas acabam sendo pouco procuradas pelos maridos e não podem demonstrar desejo sexual: seu dever é se submeter ao parceiro e gerar filhos. Aparecem aqui então os dildos: imitações de pênis feitas de couro ou de madeira, usadas na masturbação feminina. Eles seriam os precursores de todo um mercado erótico que explodiria com vibradores, próteses e uma infinidade de brinquedos a partir do século 20. Outro comportamento frequente é a homossexualidade masculina, talvez estimulada por todo esse afastamento entre maridos e mulheres, além do longo período dos homens em exércitos e batalhas.

Roma Antiga

Já na Roma Antiga (753 a.C a 476 d.C), o que mais chama a atenção é a extrema valorização da virgindade da mulher. Isso ocorre com tamanha força que o pai e o marido têm o direito de matar a mulher que não for virgem até o casamento.

É também nesse cenário que surge o cristianismo. As prostitutas passam a ser excomungadas. O celibato é escolhido como o estilo perfeito de vida. A medicina passa a influir, tanto quanto a religião, no comportamento sexual da população. E faz isso especialmente ao estudar o corpo da mulher e estabelecer critérios para verificar, a pedido do noivo, quais estão aptas, ou não, a um casamento com filhos.

Idade Média

De 476 a 1453 ocorre a Idade Média, período em que o cristianismo é severo com a mulher, a começar pela interpretação do Antigo Testamento: Eva é a origem do pecado, dos sofrimentos e de todos os males; a mulher e o prazer são considerados instrumentos do diabo, destinados a afastar o homem de Deus.

Para a Igreja, o sexo deve ocorrer só no casamento e com o objetivo exclusivo de procriação. Qualquer atividade sexual fora do casamento é pecado. Sexo anal, oral e uso de substâncias anticoncepcionais são práticas tão graves como o homicídio. Evitar a gravidez é pecado maior do que o sexo por prazer e fora do casamento.

Entre o casal, a prática tem de ocorrer sem excessos. O homem deve assumir posição ativa, e a mulher, se submeter com passividade. Casais vivem a sexualidade cobertos de culpa e com constante necessidade de penitência e confissão. Homossexualidade e masturbação também são pecados. Afinal, o sexo aqui é exclusivamente para reprodução.

Essas proibições deixariam marcas profundas na humanidade, cujos resquícios são percebidos no comportamento sexual até nos dias atuais. Por exemplo, para cerca de um terço das mulheres, a masturbação é prática errada e suja. Já no meio dos jovens, emerge com frequência a pergunta se a masturbação pode viciar ou causar espinhas na cara, pelo na mão, pedras nos mamilos etc. Essas e outras ideias remetem aos equívocos da Idade Média.

No final do século 12, a desobediência às proibições sexuais se mostrava crescente. E a Igreja cria um instrumento de coerção: é a Santa Inquisição. Mulheres sedutoras são consideradas bruxas e acusadas de manter relações carnais com o diabo. Acabam condenadas a morrer na fogueira.

Curiosamente e distante dessa cultura, há outra que encara o sexo de forma mais do que natural. Na verdade, como sendo algo divino, algo que ganhou empurrão talvez por volta do século 4 com um manual sagrado de amor e sexo. O local é a Índia. O manual é o Kama Sutra. A crença hindu diz que os textos do Kama Sutra foram ditados pelos deuses. O manual é amplo e traz uma sequência de posições, práticas e maneiras para homens e mulheres se relacionarem no amor e no sexo. Aqui, o prazer é valorizado e práticas como morder, beliscar, lamber, arranhar todo o corpo e em especial os genitais são sugeridas como formas de obtenção de prazer e caminhos para o alcance do orgasmo. Aqui tudo bem fazer sexo por puro deleite.

Idade Moderna

De 1453 a 1798, a humanidade entra na Idade Moderna. A partir do século 15, falar sobre sexo é uma forma popular de expressão. Essa é a época do Renascimento, período em que a nudez entra em moda na pintura e na escultura. Vênus, a deusa romana do amor e da beleza, emerge nua do mar na obra em têmpera sobre tela do pintor italiano Sandro Botticelli, em 1483. David, herói bíblico, é retratado em detalhes e totalmente nu em uma escultura gigantesca de mármore, de 5,17 metros, feita ao longo de três anos pelo também italiano Michelangelo, e concluída em 1504.

É uma época em que os nobres gozam de total liberdade no comportamento sexual. O adultério feminino torna-se comum. No século 16, surge a Reforma e o protestantismo contra as arbitrariedades da Igreja. O sexo passa a ser tido como natural e menos pecaminoso se praticado a serviço de Deus. Mas em seguida a Igreja dá origem à Contra Reforma, reafirmando a limitação do comportamento sexual.

Este período tem muitas datas marcantes. Como 1527, quando é empregado pela primeira vez o termo doença venérea (de Vênus, a deusa do amor que mencionamos há pouco) para se referir a doenças de transmissão sexual, como a gonorreia e a sífilis.

Em 1677, um fato marcante traz uma nova e surpreende perspectiva para a sexualidade humana: a descoberta do espermatozoide. Até então, não se sabia de sua existência. Descobri-lo foi possível por conta de um fato recente em termos de história, ocorrido 72 anos antes: a invenção do microscópio. Seria necessário ainda mais de um século para ocorrer a descoberta do óvulo humano. E, com isso, o mistério da origem dos bebês ser finalmente desvendado.

Em 1758, é publicada uma obra intitulada "Ensaio Sobre as Doenças Decorrentes da Masturbação", do médico francês Samuel Tissot. Essa e outras da época interferem pesadamente nas atitudes e na moral sexual, promovendo uma verdadeira caça à masturbação. Para os estudiosos do momento, quem se masturbasse poderia enlouquecer, adoecer e até mesmo morrer. Tais ideias seriam consideradas equivocadas muito tempo depois, no século 19, por pensadores como o médico alemão Sigmund Freud, fundador da psicanálise, e outros estudiosos.

Idade Contemporânea

De 1789 até hoje, vivemos a Idade Contemporânea. No início deste período, o economista britânico Thomas Malthus publica um trabalho que revela que a população humana tende a superar o suprimento de alimentos. Isso dá início ao temor à superpopulação. A única solução oferecida por Malthus é a abstinência sexual, considerada posteriormente uma abordagem irreal para um problema tão sério. Em 1900, inspirado por essas ideias, é empreendido um esforço mundial para controle da natalidade.

Transformações gigantescas em costumes, como as que apontamos até agora, bem como descobertas e outros acontecimentos marcantes, podem ser observados em grande número ao longo de todo o período contemporâneo.

Em 1870, por exemplo, surgem os primeiros preservativos de borracha. Feitos com um material extremamente grosso, eles podem ser lavados e reutilizados até a borracha estragar. Um salto de conforto e qualidade só se daria no século seguinte, nos anos 30, com o processo de vulcanização da borracha, quando os preservativos masculinos se tornariam mais finos e elásticos. A evolução seria ampliada na década de 90, com a camisinha feminina.

Pouco tempo depois dos primeiros preservativos, aparecem os primeiros massageadores elétricos. O ano é 1883. O inventor é o médico americano Joseph Mortimer Granville, que faz de tudo para que o invento não ganhe conotação sexual. Mas isso não será possível: em menos de uma década a publicidade em torno dos mesmos se torna mais explícita, focada nos prazeres das mulheres. Eles cairiam em desuso na década de 30, mas voltariam à ativa nos anos 70 com grande apelo sexual. E abocanhariam um mercado gigantesco no novo milênio, favorecidos pela explosão do consumo de produtos via internet.

O século 20

No novo século, em 1932, a mulher brasileira conquista o direito ao voto. Pela Europa, os movimentos femininos com essa temática já fervilhavam desde o século anterior. O que mudou com essa conquista? A mulher ganhou o direito à fala, não só política, mas econômica, histórica, social. Junto a isso, toda uma mudança no comportamento feminino se daria frente às mais variadas relações. Incluindo as amorosas e sexuais.

Para falar sobre sexo, nada como o zoólogo americano Alfred Kinsey e sua equipe de colaboradores, que em 1938 começam uma série de pesquisas sobre o tema. Kinsey define sexualidade como sendo uma função biológica saudável, de qualquer forma que se apresente. Aponta que uma grande parcela de mulheres não consegue ter prazer nem chegar ao orgasmo. E funda a disciplina de sexologia, o estudo do sexo.

Em 1944, o obstetra e ginecologista alemão Ernest Grafenberg relata a descoberta de um ponto dentro da vagina, na parede frontal, mais ou menos a dois ou três centímetros da entrada do canal, que seria responsável por um enorme prazer feminino. É o Ponto G, chamado assim graças à inicial do sobrenome de seu descobridor. Até hoje, no entanto, há controvérsias sobre a existência de tal ponto erótico: há os que acreditam em Grafenberg, há os que não.

Outro ginecologista, o americano Arnold Kegel, sugere às suas pacientes, em 1952, uma série de exercícios de contração e soltura da musculatura vaginal. O objetivo do médico é tratar flacidez pós-parto e prevenir incontinência urinária. Mas as mulheres começam a relatar benefícios extras: um aumento da percepção e das sensações de prazer na região genital. E a obtenção de orgasmos!

Os exercícios de Kegel começam a ser difundidos e praticados. Há quem diga que eles foram inspirados no pompoarismo, técnica milenar oriental de movimentação da região genital feminina, nascida na Índia e aperfeiçoada na Tailândia e no Japão. A técnica oriental ganharia fama no

Ocidente só a partir de 1976, com o filme franco-japonês "O Império dos Sentidos", numa cena em que a protagonista expele um ovo com a vagina. O cinema ainda reforçaria o sucesso do pompoarismo em 1994, no filme australiano "Priscilla, a Rainha do Deserto", em que uma bolinha de pingue-pongue é atirada longe pela vagina de uma mulher que se apresenta em um show.

Os anos 60 e 70

Nos anos 60, o pesquisador norte-americano Gregory Pincus e seus colaboradores desenvolvem o primeiro contraceptivo oral eficaz, a pílula anticoncepcional, algo que promove uma revolução na vida sexual feminina. A partir de agora, a mulher pode fazer sexo com mais tranquilidade, por prazer e sem risco de engravidar. No entanto, em 1968 o papa Paulo VI reafirma a moralidade católica e condena todas as formas artificiais de controle da natalidade, incluindo a pílula. Mesmo assim, em 1980, descobre-se que um em cada três casais usa alguma forma de contracepção artificial, ou se submete às cirurgias de esterilização.

Ainda na década de 60, os terapeutas sexuais William Masters e Virginia Johnson publicam o livro "A Resposta Sexual Humana", baseado em 12 anos de observação da atividade sexual de 694 pessoas: 382 mulheres e 312 homens, de 18 a 89 anos de idade. A obra é revolucionária: aparece como um passo fundamental para o tratamento das dificuldades sexuais humanas.

É também em 1968 que quatrocentas ativistas protestam nos Estados Unidos contra o concurso Miss América, no episódio conhecido como a queima dos sutiãs. Manifestações similares ocorrem na sequência disso pelo mundo todo. Para as manifestantes, o sutiã simboliza uma camisa-de-força: da organização social aprisionando a mulher.

Em 1974, a Associação Psiquiátrica Americana deixa de rotular a homossexualidade como doença mental. É uma mudança determinante na forma de enxergar a vivência do sexo. E hoje sabemos, portanto, que homossexualidade:

1) não é doença;

2) não tem nada de errado; e

3) não tem nada de sujo, como se pensava equivocadamente no passado.

Os anos 80 e 90

Em 1982, a descoberta de uma doença grave sacode o comportamento sexual por aqui: a Aids é identificada pela primeira vez no Brasil. Mais tarde, um caso é reconhecido retrospectivamente, no estado de São Paulo, como tendo ocorrido em 1980. O mundo jovem entra na mira das preocupações e das campanhas nacionais de combate à doença apenas em 1996, mais de uma década após os primeiros casos. Mulheres casadas e a terceira idade ganhariam destaque nessas ações nos anos posteriores.

Em 1998, uma boa notícia para o prazer: chega ao Brasil um medicamento que promete garantir a ereção em homens adultos, especialmente os acima de 50 anos, que apresentam dificuldades orgânicas para obtê-la. É uma reviravolta nos tratamentos e algo que promove uma corrida aos consultórios. A terceira idade ganha uma ferramenta em prol do prazer e o sexo após os 70 entra em discussão.

O novo milênio

Em 2004, nasce o Facebook, uma rede social virtual que abocanharia em pouco tempo um volume extraordinário de fãs. A internet já vinha há tempos mostrando sua magnitude no quesito relacionamentos amorosos e sexuais, com sites e salas de bate-papo dos mais variados. Sexo é a palavra mais acessada da rede, onde se encontra de tudo, até a terrível pedofilia. Mas há coisas boas também, como conteúdos educativos e preventivos em sexualidade. Inclusive sites oficiais de prevenção, como o www.aids.gov.br, do Ministério da Saúde, que traz listagens de postos de atendimento e centros de testagem, além de amplas informações sobre o combate às doenças sexualmente transmissíveis.

Com a explosão das redes sociais, uma grande parcela da população adota de vez o campo virtual como ferramenta para conquistar e manter relacionamentos diversos, entre eles os amorosos e sexuais. A população pré-adolescente e adolescente também aderiria em massa aos contatos virtuais.

Outra mania mundial que explode é o consumo. E, na mesma velocidade, explode também o descarte de coisas e produtos. O que foi adquirido com grande desejo ontem segue sem pesares para o lixo amanhã. As relações humanas também dão sinais desse estilo de vida e parecem se tornar cada vez mais descartáveis. Esse comportamento encontra campo fértil no terreno do amor e do sexo, onde criar laços tem se tornado assustador para uma significativa parcela de homens e mulheres. "A fila anda", como se diz no popular. Ou melhor, voa.

Todas essas nuances e transformações na história da sexualidade humana fazem parte de um conjunto de avanços e retrocessos nos mais variados campos: tecnológico, político, econômico, cultural, social etc. Saber mais sobre isso pode ajudar a esclarecer e a entender muitos dos nossos comportamentos na atualidade.

E a partir daqui, agora com esse olhar ampliado por toda essa história que nos compõe como seres humanos, podemos começar a falar mais especificamente da educação sexual da criança, do pré-adolescente e do adolescente. Vamos começar pelos papéis, limites, possibilidades e responsabilidades de quem os educa. Esse é o tema do nosso próximo capítulo.

LIÇÃO 3

Educar na escola e em casa
O papel dos professores e pais

A nossa terceira lição tem uma tarefa polêmica: discutir a quem cabe fazer a educação sexual das crianças e dos adolescentes. Aos professores? Aos pais? A alguém mais? E de que forma é preciso fazer isso?

Para começar a refletir sobre esse assunto, eu diria que promover a educação sexual cabe à sociedade como um todo. E acrescentaria: precisamos todos nos informar, ou nos educar, sobre esse tema tão tabu. Aqui incluo não só as crianças e os jovens, mas também os adultos e a terceira idade. Os adultos, por exemplo. A maioria de nós certamente não teve aulas de educação sexual na infância ou na adolescência. E, em casa, dificilmente o campo de diálogo sobre o tema também foi aberto, não é mesmo? Ou seja, não fomos educados para saber mais sobre conteúdos tão importantes como sexo e sexualidade. Por isso é tão difícil promover a educação sexual. Precisamos aprender a fazer isso. O que não é tarefa fácil, e sim um desafio.

Nesse esforço conjunto, vale saber um pouco mais sobre o papel de cada um de nós na educação sexual dos filhos e alunos pequenos, e dos que já estão crescidos. Vamos a eles, a começar pelo papel da escola, a que costumamos delegar a educação sexual.

O papel da escola

Há pelo menos quatro importantes tarefas da escola em relação à educação sexual de crianças, pré-adolescentes e adolescentes. São elas:

• Ensinar temas básicos – O tema sexualidade precisa estar presente no ensino escolar a partir dos 6, 7 anos de idade. Isso pode ser feito de forma transversal, conforme sugerem os Parâmetros Curriculares Nacionais. Ou em ações específicas sobre o tema. O que e como ensinar? Veremos isso mais detalhado, fase a fase, idade a idade, nos próximos capítulos.

• Promover a reflexão – Na medida em que o desenvolvimento biopsicossocial se dá, cada indivíduo vai conquistando a capacidade de refletir sobre os mais variados temas de seu mundo interno e externo. Uma educação sexual de qualidade é aquela que promove constantes reflexões sobre temas coletivos e individuais.

• Oferecer ajuda sempre que necessário – É importante que a criança e o jovem encontrem apoio na escola para lidar com seus dilemas, suas angústias e outras necessidades, sejam elas brandas ou altamente complexas. Por exemplo, para casos graves, como de abuso sexual. Ou de gravidez fora de hora. Será fundamental que o aluno ou a aluna encontrem adultos de confiança na escola sempre que precisarem recorrer a eles para lidar com situações tão doloridas, difíceis, delicadas e complexas como essas, e tantas outras que possam surgir.

• Reforçar a noção de limites – Assim como em casa, é preciso que a escola trabalhe o tempo todo com a noção de regra, com limites e possibilidades. Por exemplo: qual a regra da escola para o namoro dentro do espaço escolar? Independentemente de qual seja, isso precisa ser respeitado por todos. Transmitir e estipular noções de limite como essa são atitudes fundamentais para o desenvolvimento de cada pessoa nas variadas áreas da vida e, obviamente, em relação ao corpo e à sexualidade. Falaremos mais amplamente sobre isso ao longo deste livro. O intuito até este ponto da nossa conversa é começar a compreender os papéis de cada um de nós na educação sexual dos pequenos e dos não tão pequenos assim.

Observe que, ao começar este tópico, citei o papel da escola, e não apenas dos professores. Por que motivo? Os professores estão na linha de frente no contato com os alunos e cabe a eles transmitir conteúdos das mais diversas matérias. Mas as noções de educação sexual precisam estar presentes na escola como um todo, ou seja, no ambiente escolar de forma mais ampla, incluindo todos os funcionários. Esse é o time com o qual o aluno convive, seja na sala de aula, na cantina, ou em qualquer outra dependência da escola. Esse é o time que toma as decisões sobre como manejar a educação escolar. E esse time precisa ter noções sobre educação sexual da criança e do jovem para que a mesma se dê de forma coerente e a contento.

O tema transversal

Para sabermos um pouco mais sobre o papel da escola na educação sexual, vamos dar uma olhada no que diz o Ministério da Educação (MEC), em conteúdo que está disponível a todos na internet em seu portal www.mec.gov.br. O nosso foco aqui será mais especificamente os Parâmetros Curriculares Nacionais, que sugerem que o tema sexualidade seja transversal no ensino a partir dos seis anos de idade.

Vamos lá: de acordo com os PCNs, tema transversal é aquele que deve estar presente na escola como um todo e em suas variadas disciplinas, não necessariamente em uma específica. Por exemplo, ao ensinar história, podemos incluir a história da sexualidade humana. Na aula de português, podemos trazer verbetes e outros relacionados à sexualidade. Ao ensinar filosofia, podemos incluir o que os filósofos pensam sobre sexualidade. Nas aulas de educação física, podemos enfatizar as noções de respeito ao corpo e à sexualidade. E assim proceder durante todo o ensino fundamental e médio, incluindo neles os temas transversais, como a sexualidade, de forma a passar pelos diversos conteúdos já previstos a cada ano. Isso não exclui a possibilidade de a escola criar espaços específicos para a educação sexual, como aulas, palestras e outras ações.

Nesse esquema, quais seriam os principais temas a abordar a partir dos 6 anos de idade até a adolescência?

De acordo com os PCNs, é fundamental que a escola abarque os seguintes blocos de conteúdos:

• "Corpo como Matriz da Sexualidade", propiciando aos alunos conhecimento e respeito ao próprio corpo e noções sobre os cuidados que necessitam dos serviços de saúde.

• "Relações de Gênero", propiciando questionamento de papéis rigidamente estabelecidos a homens e mulheres na sociedade, a valorização de cada um e a flexibilização desses papéis.

• "Prevenção das Doenças Sexualmente Transmissíveis", oferecendo informações científicas e atualizadas sobre as formas de prevenção das doenças. Deve também combater a discriminação aos portadores do vírus HIV e doentes de Aids.

E para quê educar sobre tudo isso? Informam os PCNs que os objetivos gerais são:

1) transmitir informações e problematizar questões relacionadas à sexualidade, incluindo posturas, crenças, tabus e valores a ela associados; e

2) propiciar aos jovens a possibilidade de que o exercício de sua sexualidade ocorra de forma responsável e prazerosa.

O que é esperado

De acordo com os PCNs, a escola deve se organizar ao longo dos anos para que os alunos concluam seus estudos sendo capazes de:

• Respeitar a diversidade de valores, crenças e comportamentos relativos à sexualidade, reconhecendo e respeitando as diferentes formas de atração sexual e o seu direito à expressão, garantida a dignidade do ser humano;

• Compreender a busca de prazer como um direito e uma dimensão da sexualidade humana;

• Conhecer seu corpo, valorizar e cuidar de sua saúde como condição necessária para usufruir prazer sexual;

• Identificar e repensar tabus e preconceitos referentes à sexualidade, evitando comportamentos discriminatórios e intolerantes e analisando criticamente os estereótipos;

• Reconhecer como construções culturais as características socialmente atribuídas ao masculino e ao feminino, posicionando-se contra discriminações a eles associadas;

• Identificar e expressar seus sentimentos e desejos, respeitando os sentimentos e desejos do outro;

• Reconhecer o consentimento mútuo como necessário para usufruir prazer numa relação a dois;

• Proteger-se de relacionamentos sexuais coercitivos ou exploradores;

• Agir de modo solidário em relação aos portadores do HIV e de modo propositivo em ações públicas voltadas para prevenção e tratamento das doenças sexualmente transmissíveis/Aids;

• Conhecer e adotar práticas de sexo protegido, desde o início do relacionamento sexual, evitando contrair ou transmitir doenças sexualmente transmissíveis, inclusive o vírus da Aids;

• Evitar uma gravidez indesejada, procurando orientação e fazendo uso de métodos contraceptivos;

• Ter consciência crítica e tomar decisões responsáveis a respeito de sua sexualidade.

Tarefa árdua, sabemos todos. Mas fundamental para uma educação mais ampla da criança, do pré-adolescente e do adolescente, bem como para uma vida cada vez mais saudável, responsável e prazerosa. Nas próximas lições, o tema é como fazer isso fase a fase.

As etapas do ensino

Cabe ainda aqui lembrar o que é esperado em geral para cada etapa de ensino escolar. De acordo com o MEC, espera-se o seguinte:

• Educação Infantil – Primeira etapa da educação básica, tem como finalidade o desenvolvimento integral da criança de até 5 anos, em seus aspectos físico, psicológico, intelectual e social, complementando a ação da família e da comunidade.

• Ensino Fundamental - Com duração de nove anos, iniciando-se aos 6 anos de idade, terá por objetivo a formação básica do cidadão, mediante:

1) o desenvolvimento da capacidade de aprender, tendo como meios básicos o pleno domínio da leitura, da escrita e do cálculo;

2) a compreensão do ambiente natural e social, do sistema político, da tecnologia, das artes e dos valores em que se fundamenta a sociedade;

3) o desenvolvimento da capacidade de aprendizagem, tendo em vista a aquisição de conhecimentos e habilidades e a formação de atitudes e valores; e

4) o fortalecimento dos vínculos de família, dos laços de solidariedade humana e de tolerância recíproca em que se assenta a vida social.

• Ensino Médio – Etapa final da educação básica, com duração mínima de três anos, terá como finalidades:

1) a consolidação e o aprofundamento dos conhecimentos adquiridos no Ensino Fundamental, possibilitando o prosseguimento de estudos;

2) a preparação básica para o trabalho e a cidadania do educando, para continuar aprendendo, de modo a ser capaz de se adaptar com flexibilidade a novas condições de ocupação ou aperfeiçoamento posteriores;

3) o aprimoramento do educando como pessoa humana, incluindo a formação ética e o desenvolvimento da autonomia intelectual e do pensamento crítico; e

4) a compreensão dos fundamentos científico-tecnológicos dos processos produtivos, relacionando a teoria com a prática, no ensino de cada disciplina.

Ter em mente essas diretrizes para o ensino básico nos ajuda a pensar na educação sexual a cada etapa, para que ela seja feita de forma a se entrelaçar com o momento pelo qual os alunos passam na vida escolar, bem como na vida como um todo. Agora vamos adiante, pois é hora de falar de outro time de peso na educação sexual: o da casa.

O papel dos pais

Cabem aos pais, que são os primeiros e principais educadores dos filhos, pelo menos quatro gigantescas tarefas na educação sexual das crianças, dos pré-adolescentes e dos adolescentes:

• Preparar o ninho – Desde o momento em que o feto está na barriga da mãe, os pais já têm influência fundamental nessa vida que nascerá em breve. O jeito como esse processo de gravidez se dá, especialmente quanto ao envolvimento e entrosamento dos pais neste novo projeto de vida em família, já começa a criar um campo (como um ninho) para que a futura criança se desenvolva. É importante saber disso para que este ninho seja suficientemente bem preparado. Isso não quer dizer perfeição, mas sim espaço, especialmente dentro de si, para que o bebê que chegará seja cuidado e educado de forma adequada e afetuosa.

• Ser os principais modelos – Após o nascimento, os pais se tornam dia a dia os principais modelos para os filhos. De que? De como ser alguém no mundo: de como a pessoa se relacionar consigo mesma e com o mundo ao redor. Nesse sentido, os pais são os primeiros e principais educadores sexuais dos filhos. A gigantesca tarefa é, portanto, ser o melhor modelo de ser humano que puderem, cuidando, educando, transmitindo valores e tendo sempre a consciência de seu complexo papel.

• Ser o porto seguro – A casa precisa ser um espaço aberto ao diálogo. Quem cria essa abertura, esse campo, é o adulto. Ou seja, os pais. Por mais difícil que seja conversar, em especial sobre temas tão tabus como a sexualidade e o sexo, é fundamental que os filhos encontrem espaço aberto em casa para isso. Bem como para trazer seus dilemas, suas dúvidas, suas expectativas e inquietações. A casa precisa ser esse porto seguro, como um colo para onde a criança e o jovem podem correr sempre que necessário.

• Estabelecer limites – Criança e adolescente precisam aprender que há limites para tudo na vida, bem como possibilidades. Estabelecer essa noção é tarefa árdua, mas imprescindível. E cabe aos pais esse constante trabalho. Lembrando que estabelecer limites não significa necessariamente reprimir. Ou punir. Mas sim ensinar que há regras na vida civilizada, em sociedade, e que elas precisam ser cumpridas. A começar pelas regras da casa. E quem as estabelece em casa? Os pais, que são os adultos responsáveis pela família. Claro que será necessário bom senso e flexibilidade. O que não significa ausência de limites: esses são altamente úteis para a educação para a vida como um todo, o que inclui a educação sexual.

A mídia e outros papéis

E o papel da sociedade como um todo? Escolho aqui a mídia para ilustrar essa questão, por ter bastante afinidade com ela. Explico já o motivo: meu trabalho com a mídia é anterior ao que faço hoje em educação sexual e na psicologia. Eu me formei em comunicação social (jornalismo) em 1991 e imediatamente comecei a trabalhar em um jornal diário na cidade de São Paulo, a Folha de S.Paulo. De lá, fui para a Folha da Tarde e anos depois aceitaria uma vaga de editora de comportamento e sexualidade na revista Claudia. E foi esse cargo que me levou a estudar profundamente o tema deste livro, ingressando em uma pós-graduação em educação sexual, o que me tornou especialista no tema e me fez começar a lançar livros e dar palestras pelo Brasil afora.

Ao final das palestras, as pessoas pediam para que eu lhes atendesse em consultório, tarefa que cabe ao médico ou ao psicólogo. Fui, então, fazer psicologia, minha segunda graduação. Hoje trabalho como psicóloga com atendimento a adolescentes, adultos, famílias e casais, além de continuar a escrever livros e dar palestras por todo canto, para todas as idades. E a mídia? Continuo acreditando muito nela. Além de fazer semanalmente o programa Altas Horas, no ar na madrugada de todo sábado na TV Globo, também escrevo colunas e textos para jornais, revistas e internet, incluindo meu site e minhas redes sociais, entre outras ações.

E qual o papel da mídia na educação sexual do brasileiro? Vamos lá: ela tem seu papel bem claro, que é de informar. E educar? Isso é papel dos educadores. Claro que a mídia pode e deve fazer incursões nesta área educativa. Mas cabe ressaltar: sua missão central é informar. Já a missão de educar, em toda a sua amplitude, é dos professores e pais.

É importante termos essa diferenciação em mente para que cada um possa cuidar bem do seu pedaço. Por exemplo: se algo nada educativo aparece na mídia e bombardeia a criança e o jovem, cabe a nós educadores e pais orientá-los da melhor maneira possível para que consigam separar, pouco a pouco, os conteúdos saudáveis do que não é positivo. Esse é um processo lento e trabalhoso, mas é uma das maneiras de lidar com o cenário em que estamos inseridos. Aos poucos, espera-se que esse jovem adquira amadurecimento para conseguir, por si só, separar conteúdos interessantes e positivos do que não é tão saudável assim. E isso vale para a vida como um todo, não só para a relação com a mídia.

Note que a ideia aqui não é culpar ou desculpar a mídia por erros, nem defender acertos, mas fazer uma reflexão maior sobre papéis. Em especial dos de quem destino prioritariamente este livro, ou seja, os educadores e pais.

A religião

Vamos ampliar mais ainda o olhar: já sabemos que todo o cenário cultural, histórico, tecnológico, político, econômico e social influi na educação sexual que praticamos e que recebemos de forma coletiva. Discorrer profundamente sobre cada um desses papéis renderia inúmeras páginas, mas cabe aqui um breve comentário para uma questão bastante polêmica: a interferência da religião no comportamento sexual de cada pessoa.

Cada religião tem seu conjunto de valores e saberes, e isso deve ser respeitado. Qual a mais certa ou verdadeira? Impossível dizer. O que sabemos é que a religião mais certa para você é aquela que você escolheu e que lhe faz sentido. E a mais certa para a outra pessoa é, da mesma forma, aquela que ela escolheu e que lhe faz sentido. Ou seja, não há uma resposta única. Cada pessoa é que terá de decidir qual religião que lhe faz mais sentido. Há ainda a pessoa que não escolhe nenhuma. E isso também precisa ser respeitado. Estamos falando aqui de tolerância ao diferente, de respeito à diversidade, um tema de suma importância para a nossa vida e o nosso bem-estar como indivíduo e sociedade.

E como conjugar os limites e as possibilidades apontadas pela sua religião com os saberes e dizeres da educação sexual? Aqui mais uma vez é uma questão individual: cada pessoa escolhe como viver ou não a sua religião. Vale o mesmo para a sua sexualidade. Cada pessoa é única e, portanto, terá escolhas únicas, em busca de suas próprias verdades.

Ou seja, cada um de nós tem o direito de ter ou não a

religião que quiser. E, dentro dessa religião, tem o direito também de vivê-la da forma como preferir, seguindo do jeito e na intensidade que preferir o que diz a religião que escolheu. Por exemplo, se você escolheu uma religião que opta por sugerir aos casais para não fazer sexo antes do casamento, cabe a você decidir se segue ou não essa regra. A vida é sua. Decida. No mundo adulto, a decisão mais acertada para a sua vida cabe exclusivamente a você. Isso vale para as mais variadas situações envolvendo a religião, a sexualidade ou qualquer outro tema. Enfim, cada pessoa adulta é que deve ter o comando da própria vida. E, claro, se responsabilizar pelas escolhas que fizer ao longo dela.

Enfermeiras, babás e avós

Ter uma pessoa que auxilia a cuidar das crianças, como as enfermeiras que costumam ajudar no primeiro ano de vida, ou as babás convocadas nas variadas etapas de desenvolvimento, pode ser algo de enorme valia para os pais, os filhos e a família como um todo. No entanto, é importante lembrar sempre que qualquer uma das pessoas que venham a ajudar os pais na criação e no cuidado com os filhos, e aqui a gente pode incluir os queridos avós, tios, padrinhos, amigos, irmãos mais velhos e outras pessoas próximas, elas terão sempre o papel de auxílio. Os personagens centrais na criação dos filhos são e sempre serão os pais. É importante enfatizar isso para que a gente pondere bem sobre o quanto delegamos para outros das nossas tarefas, da nossa missão.

É missão dos pais estarem presentes na vida dos filhos. E isso a gente não mede por número de horas semanais que passamos juntos. Mas sim pela qualidade desse convívio, mesmo que o tempo seja bem restrito.

Por exemplo, é importante ter espaço interno, ou seja, dentro de cada um de nós, para emergir um interesse genuíno sobre a vida dos filhos, suas tarefas, seu desenvolvimento, suas dificuldades, suas angústias e inquietações, suas ideias, seus planos, seu jeito de lidar e de ver a vida etc. Ou seja, é importante criar tempo para ouvi-los e percebe-los. E também para dialogar. Quanto tempo? O que for possível. O que não pode é não ter tempo algum e deixar tarefas fundamentais como essas exclusivamente aos cuidados da turma que nos auxilia na criação e na educação dos filhos, por mais cuidadosa e afetuosa que ela seja. Aposte nisso e abra espaço na agenda que existe dentro de você. Aproprie-se do seu papel, com coragem, sem cobranças exageradas em relação a si mesmo nem culpas. Apenas fazendo o possível. O relacionamento com os filhos agradece. A educação sexual, ou de qualquer outo tipo, também.

Agora já está na hora de falarmos mais especificamente sobre a educação sexual a cada fase da vida: na infância, na pré-adolescência e na adolescência. Esse é o tema dos próximos capítulos. Vamos lá.

LIÇÃO 4

Educar até os 5 anos
O desenvolvimento infantil

A educação sexual na infância precisa acompanhar o processo natural de desenvolvimento da criança. Para isso, é importante a gente saber o que acontece em geral a cada ano ou momento de vida. Como, por exemplo, com a criança:

• Até 1 ano de idade

• De 2 a 5 anos

• De 6 a 11 anos

Nesta lição, vamos enfocar o desenvolvimento infantil até os 11 anos de idade e como a casa e a escola podem e devem promover a educação sexual fase a fase.

Como falamos nas páginas anteriores, o ser humano é um ser biopsicossocial. Isso significa dizer que somos um todo composto basicamente por um corpo (o aspecto biológico), um emocional (o aspecto psicológico) e uma cultura (o aspecto social). Vale complementar que, nesse olhar, o aspecto espiritual (a alma, para aqueles que acreditam em sua existência), estaria vinculado ao emocional.

A cada idade, a criança está conquistando uma nova etapa nesse desenvolvimento biológico, psicológico e social. As etapas sofrerão gigantescas mudanças, em especial em relação à sexualidade, em dois momentos posteriores à infância:

1) por volta dos 12 anos, na entrada da puberdade, que seria o equivalente à pré-adolescência; e

2) por volta dos 15 anos, com a chegada da adolescência.

Cabe aqui apresentar dois conceitos: puberdade é o nome que se dá à fase em que ocorre um conjunto de transformações no corpo. Ou seja, na esfera física. Essas transformações são desencadeadas por um empurrão hormonal: nas meninas, isso é sinalizado pela primeira menstruação, chamada de menarca; nos meninos, pela primeira ejaculação espontânea, chamada semenarca. Indica que ambos já estão liberando ou produzindo as células sexuais: meninas estão amadurecendo e liberando óvulos a serem fecundados; meninos estão produzindo espermatozoides. Esta fase pode ser chamada também de pré-adolescência, ou seja, algo que antecede a adolescência.

E o que é adolescência? É o conjunto de transformações que ocorrem nas emoções, nos sentimentos, no pensamento, nas percepções e nas intuições do indivíduo. Ou seja, na esfera emocional. Essas transformações se iniciam a partir da puberdade, fase que começa a modificar todo o corpo da criança em direção à etapa adulta.

A questão das idades

A divisão em idades que utilizaremos neste livro, que facilita o nosso entendimento de cada fase, não deve ser olhada de forma rígida. Mas sim com flexibilidade.

Por exemplo, pode ser que a menstruação chegue para uma menina aos 9 anos de idade, ou seja na infância, quando o mais comum seria vir aos 12, na pré-adolescência. A partir dessa primeira menstruação, a menina deixa a infância e entra na puberdade que, como esclarecemos nas linhas anteriores, é a etapa do desenvolvimento na qual começarão a surgir novos caracteres no corpo. Como o crescimento das mamas e do quadril das garotas, e a mudança de voz e o gradual crescimento dos testículos e do pênis dos garotos, entre outros. No entanto, não dá para pensar que a menina que menstruou aos 9 já tenha deixado a infância. Para que isso ocorra, ainda falta um pouco mais de amadurecimento, não só físico, mas especialmente emocional.

As questões relativas à pré-adolescência e à adolescência serão mais amplamente abordadas nos capítulos posteriores. Neste momento, vamos voltar o olhar para as crianças até 5 anos de idade, dividindo as mesmas em duas etapas: a do primeiro ano de vida, e a que vai do segundo ao quinto ano.

O primeiro ano de vida

A criança até 1 ano de idade faz enormes avanços no seu processo de desenvolvimento. Vejamos inicialmente um pouco mais sobre a velocidade disso do ponto de vista físico, e as habilidades prováveis da criança em cada momento:

• 1 mês de vida – O bebê possui de 40% a 50% da capacidade total de visão. Tem a audição apurada e vira os olhos e a cabeça na direção de um som. Fecha a mão em torno do dedo de um adulto.

• 6 meses – Consegue arrastar-se. Enxerga totalmente. Senta com apoio. Tem força para segurar um brinquedo e passa-lo para outra mão. Seu organismo está pronto para receber alimentos pastosos.

• 1 ano – A criança já cresceu 25 centímetros. Mantém-se de pé sem apoio e consegue dar alguns passos. Pronuncia palavras curtas. Fica atenta ao que se passa ao redor mesmo quando está brincando.

Aliás, é justamente o brincar que nos dá mais elementos do que se passa na vida da criança. E não apenas do ponto de vista do desenvolvimento físico, mas principalmente do que ocorre no seu desenvolvimento emocional e social. Por meio da brincadeira, a criança nos mostra como está construindo sua história e organizando seu mundo. Vamos saber mais sobre como isso ocorre.

O brincar

Acredita-se que é por volta dos 4 meses de vida que a atividade lúdica se inicia. Isso coincide com o momento em que o bebê consegue controlar seus movimentos e coordená-los com a visão, o que permite pegar os objetos que estão por perto. Aos 6 meses, quando consegue sentar, a criança passa a apanhar mais objetos ao seu redor e pode, então, tocá-los, mordê-los e abandoná-los à vontade.

Nessa fase, as brincadeiras comuns são de fazer aparecer e desaparecer, de perder e recuperar, e de encontrar e separar. É o período, por exemplo, em que o adulto brinca com o bebê e encanta-o ao dizer algo como: "Cadê o brinquedo?" "Achou!" "Agora sumiu!" "Apareceu!" "Sumiu de novo!" "Está lá longe", e por aí vai.

A criança brinca assim também com os sons que já consegue reproduzir, ao fazê-los aparecer e desaparecer. Esse tipo de brincadeira pode ocorrer com o chocalho, brinquedo comum entre os bebês do mundo todo: ao movimentá-lo, os sons aparecem e somem.

Brincadeiras como essas se estendem ao longo de todo o primeiro ano de vida. E não é preciso um olhar tão atento para observar o quanto uma criança cresce nesse período. Ou seja, se desenvolve nas esferas física e emocional, e no relacionamento com o mundo ao redor. Cabe ressaltar que a mãe é fundamental nesse processo, especialmente ao se revelar sensível a quaisquer necessidades do filho ou filha. E, acima de tudo, capaz de entregar-se de modo natural ao delicado caminho de criação.

Não é só mãe que importa

E o pai? Também importa nessa criação da criança, desde o primeiro ano de vida?

Claro que sim! Por mais que ele se sinta meio de fora dessa história desde que o bebê está na barriga da mãe, é importante saber que o pai tem papel fundamental na vida da criança e na dinâmica familiar como um todo. E não só pelo fato óbvio de que, sem ele, o bebê não existiria. O pai da criança tem um papel infinitamente maior do que ter fornecido o espermatozoide que se uniu ao óvulo da mãe, dando origem à fecundação.

Já nos primeiros momentos de gestação, a presença do pai se revela marcante: o relacionamento afetivo do casal durante a gravidez, bem como a preparação conjunta do espaço físico e emocional para receber a criança (o ninho do qual falamos em páginas anteriores), entre outras coisas, são fundamentais para essa nova vida que chega. E para essa nova fase familiar que começa.

No primeiro ano de vida, portanto, à medida que o bebê se desenvolve, nota-se que ele vai se desprendendo da dependência de sua mãe. E o papel tão importante do pai também vai, gradativamente, se revelando mais evidente.

A educação sexual

E quanto à educação sexual nesse comecinho de vida? Como se dá, já que as perguntinhas e situações difíceis de lidar emergirão apenas nos anos seguintes?

Já dissemos no início do livro que os pais são os principais modelos para os filhos de como ser alguém no mundo. E, portanto, os primeiros educadores sexuais, se considerarmos a sexualidade como um conceito amplo, que envolve o nosso jeito de ser homem ou de ser mulher no mundo. Mas há quem pergunte: essa ideia vale até para os primeiros anos de vida?

A resposta é: vale sim. Apesar de nesse início quase não se verificar consciência alguma na criança, desde cedo já é evidente a existência de processos psíquicos. Falaremos mais claramente disso em breve.

Neste momento cabe olhar para o seguinte: embora a criança no primeiro ano de vida obviamente não formule perguntas "saia-justa" acerca de sexualidade, algumas dúvidas a esse respeito emergem por parte dos pais e de seus ajudantes nos cuidados com os bebês. Por exemplo, um pai veio me procurar ao final de uma palestra para dizer que não dava banho na sua filha, ainda bebê, porque não achava isso "certo". A questão dele era saber o quanto um homem, no caso ele, o pai, pode se aproximar de uma criança do sexo oposto, no caso a filhinha de menos de um ano. Dar banho pode? E trocar fraldas e limpar a criança, também pode? A angústia desse pai era que ele queria muito se envolver nesses cuidados com a filha, mas se impedia de fazer isso por medo de ser algo errado e nocivo à criança. Ou seja, como se cuidados como dar banho se configurassem em alguma medida como abuso sexual do pai em relação à filha bebê.

A minha resposta? Fica tranquilo, pai, que isso não é abuso não. O pai pode e deve se envolver nos cuidados tanto com as filhas como com os filhos pequenos, desde os primeiros momentos. No caso dos bebês, não há mal algum em dar banho, limpar, trocar fraldas, tocar, brincar, beijar, abraçar. Pelo contrário, tudo isso se revela como algo fundamental para as crianças, e também para seus pais.

O importante aqui é saber da intenção do toque ou de qualquer outro tipo de aproximação com a criança. O contato errado, que tem de ser proibido pela vida inteira da criança, do pré-adolescente e do adolescente, é aquele em que o adulto deseja obter para si excitação erótica e prazer sexual. Isso é pedofilia, como já explicamos nas páginas iniciais.

Mas não era o caso desse pai angustiado, que apenas queria se aproximar de seu bebê para cuidar e, assim, ampliar as oportunidades dessa tão importante troca de afeto.

Maternidade e paternidade

Vale lembrar que uma paternidade boa, e não só uma maternidade, permitirá à criança superar grande parte das dificuldades que surgirem nos seus primeiros momentos de vida e também ao longo de todo o seu processo de desenvolvimento.

Bons pais e mães serão como já sabemos o porto-seguro para onde a criança, o pré-adolescente e o adolescente podem correr sempre que precisarem de algo, como afeto, cuidados, atenção e segurança, entre outros. Isso inclui ser o apoio para esse indivíduo em desenvolvimento lidar com as angústias e ansiedades que emergem com a perda gradual da infância e a entrada na puberdade e na adolescência. As bases dessa relação dos pais e das mães com os filhos e as filhas começam, portanto, desde o primeiro ano de vida.

Observe também que falei aqui em termos de uma paternidade e de uma maternidade que sejam simplesmente boas, e não excelentes ou perfeitas. O que eu quero dizer com isso? Algo que o popular nos diz, mas nem sempre levamos em conta: que ninguém é perfeito.

Um pai não é um super-homem, nem uma mãe é uma supermulher. Essa coisa de super-herói faz parte das histórias de ficção. Na vida real, somos apenas mulheres e homens, com infinitas possibilidades, mas também com limitações e falhas. Errar, mais uma vez repetindo o que diz o popular, é humano. As falhas fazem parte da nossa vida tanto quanto os acertos. Na criação dos filhos, a grande sacada é não se culpar exageradamente pelas falhas que são cometidas, mas sim extrair aprendizado das inúmeras experiências vividas, com a finalidade de transformar as situações para melhor.

A criança de 2 a 5 anos

O bebê cresce rapidamente e logo já é uma criança capaz de andar, falar e muito mais. De 2 a 5 anos de idade, a velocidade do desenvolvimento infantil também será enorme. Nessa fase, as habilidades físicas prováveis são as seguintes:

• 2 anos – A criança cresceu mais 10 centímetros. Já é capaz de controlar os esfíncteres, músculos responsáveis pela retenção e liberação da urina e das fezes. Mastiga alimentos sólidos; consegue folhear um livro e empilhar peças de brinquedos.

• 3 anos – O corpo torna-se mais harmonioso, sem o abdome proeminente típico dos bebês. Domina os movimentos e consegue pôr a roupa e os sapatos sem ajuda. A primeira dentição está completa.

• 5 anos – O ritmo de crescimento diminui para 4 centímetros por ano. A criança consegue desenhar e contar histórias. Seu vocabulário já contém mais de 2 mil palavras. Cuida da própria higiene. Dentro de um ano, começará a troca de dentição.

Esse crescimento requer cuidados e atenções diferenciadas. Até os 3 anos de idade, a criança estará no período de creche. Entre 4 e 5 anos, na pré-escola. A cada pouco, inaugura uma nova etapa. Essa, por exemplo, será a fase dos "porquês": um período em que a criança pergunta sobre tudo, inclusive sobre sexualidade.

Aqui será importante responder de um jeito claro e objetivo. Sem medo. Sem mentiras. Sem excessos. Mas vamos com calma nesse assunto. Antes de passar às perguntinhas delicadas, é importante entender um pouco mais sobre o que ocorre com essa criança de 2 a 5 anos de idade.

Falamos que o desenvolvimento físico é grande nesse período. E a nossa psique? Como se desenvolve?

O desenvolvimento psíquico

Psique é, de acordo com o dicionário Houaiss, "alma, espírito, mente". E psíquico seria tudo o que é relativo à psique. O dicionário acrescenta o seguinte para "psíquico":

• Relativo à esfera mental ou comportamental do indivíduo; psicológico; conjunto de conteúdos da consciência humana, ou dos estados e processos que estão na base da experiência subjetiva e do comportamento, e que têm uma ligação mais ou menos consciente com a percepção, o pensamento, a lembrança, a sensibilidade, a motivação e a ação.

Vamos falar agora desse tipo de desenvolvimento, que se inicia na infância e ocorre ao longo da vida como um todo: o desenvolvimento psíquico, ou emocional.

De acordo com a Psicologia Analítica, na qual me baseio para os atendimentos no meu consultório, entre outras ações, nossa consciência se desenvolve a partir de certos começos, e não surge logo como algo de completo e acabado. Quem nos explica isso em detalhes é Carl Gustav Jung, na obra "O Desenvolvimento da Personalidade". Segundo ele, é na criança que se dá esse desenvolvimento gradual da consciência.

Quando a criança começa a dizer "eu" é que o desenvolvimento da consciência emerge, mas ainda de forma muito inicial. No entanto, será apenas por volta dos 12 anos de idade que podemos dizer que a consciência, de fato, nasceu. É a partir dessa idade que teremos um aparelho psíquico capaz de começar a compreender as coisas de forma mais parecida com o que fazemos quando adultos.

E qual o papel da educação nesse processo de desenvolvimento da consciência? A educação recebida, seja em casa, na creche, na pré-escola ou futuramente na escola, é um meio que procura apoiar, gradativamente, esse processo complexo de formação da nossa consciência. Ou seja, é importante lembrar que toda essa educação vem a propiciar o nosso desenvolvimento emocional. Inclui-se aqui, certamente, a educação sexual.

Novos jeitos de brincar

O brincar também se modifica dos 2 aos 5 anos de idade e pode nos mostrar como e quanto a criança está evoluindo.

No segundo ano de vida, por exemplo, ela descobre o oco: é quando aprende que um objeto pode penetrar outro. O que ela faz então? Passa a experimentar isso o tempo todo, e a brincar de enfiar os dedos no nariz, nos olhos, na boca, nos ouvidos etc., não só nos dela, mas nos da mãe, do pai e de quem mais está por perto.

Nessa fase, as brincadeiras passam a ser de colocar e tirar, e também de unir e separar. Entre 2 e 3 anos, a criança começa a se interessar também por brincar de transferir substâncias de um recipiente para outro. As idas ao parque, à praia e outros locais onde pode brincar com areia, terra e água serão muito úteis, justamente para auxiliar em um grande desafio desta etapa: aprender a controlar as fezes e a urina e a lidar com elas para não usar mais as fraldas.

Outro interesse que emerge aqui é o pela fecundidade. Isso se reflete em inúmeras brincadeiras com bolas e tudo o mais que for redondo. Ou seja, de forma similar a da barriga de uma mulher grávida. Por volta dos 3 anos, surge também o interesse pela maternidade e paternidade, que se revelam em brincadeiras diversas com as bonecas e os animais. Até os 5 anos, aparecerão também as brincadeiras de papai e mamãe, de namorados e de casados, entre outras do tipo.

Aos 5 anos, ou um pouco mais para frente, a identificação com os pais ficará mais evidente em brincadeiras. Grande parte das meninas se interessará pelas roupas, sapatos e maquiagem da mãe. Grande parte dos meninos procurará as brincadeiras de bandido e herói, exercitando sua identificação com o pai.

O desenho aparecerá ao longo desse período e será uma maneira de lidar com ansiedades e dificuldades diversas, que emergem naturalmente no processo de desenvolvimento.

A criança também lida com tudo isso por meio de seus sonhos, bem como com a ajuda dos contos de fada que pais e mães costumam contar aos filhos e filhas na infância. Esses contos perpassam gerações e atuam de forma profunda e transformadora no nosso desenvolvimento psíquico.

Como educar nesta fase

E como lidar mais especificamente com a educação sexual da criança de 2 aos 5 anos de idade, seja na creche, na pré-escola ou em casa? Vamos a alguns exemplos que podem nos ajudar a esclarecer variados pontos.

Uma mãe, durante uma palestra para pais, perguntou o que fazer quando a criança, menino ou menina, começa a se tocar. Isso é errado? É masturbação? Já uma professora da pré-escola quis saber como lidar quando uma criança resolve tocar a outra em partes íntimas. Por que isso ocorre? Isso pode ser visto como abuso de alguma forma? Como lidar?

Vamos por partes nessa história. A começar pelo prazer em tocar os genitais, desde a infância. Ou seja, a masturbação. A criança, ao longo do seu processo de crescimento, começa a descobrir seu corpo e as infinitas sensações que ele lhe traz. Como a sensação prazerosa do toque na região genital. Brincar disso é gostoso, prazeroso.

Mas há diferenças em quando a brincadeira com os genitais ocorre da pré-adolescência em diante, ou quando acontece na fase em que a criança ainda é pequena. Como dissemos há pouco, é apenas a partir dos 12 anos que se dá a formação da consciência na nossa vida, de forma a sermos capazes de dar significados mais elaborados às coisas vividas ou que poderemos viver. Ou seja, será só a partir da pré-adolescência que começaremos a ter a capacidade mental e emocional de entender a masturbação da forma erótica como a enxergamos no mundo adulto: uma prática sexual a fim de saciar o desejo, promover excitação e levar ao orgasmo.

Antes disso, a masturbação, mesmo sendo prazerosa, não tem esse significado tão elaborado. Será apenas um jeito gostoso de explorar o corpo, algo que começou com os primeiros movimentos dos bebês, evoluiu aos 2 anos para descobertas como o cutucar do nariz e dos ouvidos com os dedos, e chegou agora aos 5 anos com o toque nos genitais.

Tudo como uma forma de conhecer e lidar com esse infinito mundo novo que se apresenta ao universo infantil.

Fazer o quê?

O que os pais devem fazer, então, quando uma criança pequena se masturba no meio da sala da casa? Ou o que deve a professora fazer se isso ocorre na sala de aula? Repreender? Ou deixar para lá?

Nem uma coisa, nem outra. Talvez o caminho mais acertado seja explicar à criança que é gostoso mesmo tocar essas partes do corpo que ficam "guardadas" na calcinha ou na cuequinha, essas partes do corpo que são as nossas partes íntimas. Mas ninguém pode ficar fazendo isso o tempo todo nem na frente de todo mundo. O lugar para fazer isso é no quarto. Lá pode fazer. Só que não o tempo todo: afinal, é importante brincar também de um monte de outras coisas divertidas e interessantes.

Esse é mais ou menos um dos jeitos de começar a explicar à criança as questões de seu desenvolvimento físico e emocional, o que inclui o desenvolvimento da sexualidade.

E como lidar com aquela criança que não para mais de se masturbar, aquela que faz isso o tempo todo, em todo lugar? Um pai de gêmeas contou que, enquanto uma das filhas pequenas nem ligava para tocar o próprio corpo na região dos genitais, a outra fazia isso o tempo todo. E usava as bonecas, a beirada da cama ou outras áreas do tipo para esfregar a região da vagina. E agora? O que fazer? Essas foram as perguntas do pai, que disse já terem tentado de tudo em casa para distrair a criança e afastá-la dessa masturbação repetitiva e incessante.

De novo, tenham calma, pai e mãe! Vamos por partes nessa história. Aqui a gente vê o quanto cada pessoa é única, e tem um processo único de desenvolvimento. Até mesmo as gêmeas, idênticas na aparência, não o serão no jeito de ser e em sua história de vida. Cada uma terá suas próprias dificuldades e possibilidades. Portanto, é preciso olhar com naturalidade quando uma irmã é de um jeito, e a outra é de outro completamente diferente. Mesmo sendo gêmeas. Isso vale para meninos e meninas, filhos e filhas, alunos e alunas, de qualquer idade.

Quanto à menina que não para de se masturbar, vale saber que é bem comum que as crianças pequenas usem objetos, como as bonecas, os travesseiros e as almofadas e outros, para explorar a região genital. Esses objetos são os que ela tem familiaridade. São e podem ser os seus brinquedos. E o toque nos genitais será mais uma das brincadeiras exploratórias da infância, algo natural do processo de desenvolvimento.

Até aí tudo bem. O problema que requer atenção é o fato de a menina não parar de fazer isso, de forma repetitiva e incessante, como revelou o pai. E talvez tanto e tão intensamente a ponto de até machucar a região genital. Em casos como esse, será preciso investigar quais são as angústias e dificuldades que estão levando a esse comportamento repetitivo e intenso. Isso pode ser feito mais facilmente com a ajuda de um psicólogo. Quando a masturbação é excessiva, provavelmente está ocorrendo como forma de a criança tentar lidar com suas dificuldades das mais variadas. O que será que está muito difícil para ela nesse processo de crescimento?

Descobrir isso é um dos passos para lidar com a situação. Ou seja, ninguém precisa se desesperar nem achar que a criança está fazendo algo de feio, errado e sujo. Isso pode acontecer com qualquer criança como parte do seu crescimento. O importante é manter a calma, consultar a própria intuição e também buscar ajuda especializada sempre que não soubermos bem o que fazer.

Vale saber também que as ansiedades e angústias são comuns na vida da criança, bem como do jovem, do adulto e da terceira idade. Crescer é justamente aprender a lidar mais e mais com essas dificuldades, bem como com as frustrações, as preocupações e os medos, entre outros. E a brincadeira é um jeito poderoso de lidar com tudo isso, em qualquer idade.

A pré-escola

E o que dizer, por exemplo, à professora da pré-escola, quando esta se vê as voltas com uma criança tocando as partes íntimas da outra?

Mais uma vez, acalmem-se todos, professores e pais. Não, isso não é abuso. De forma alguma. Abuso ocorre quando o adulto tem práticas ou brincadeiras sexuais com a criança, com o pré-adolescente ou com o adolescente. Isso não pode. É crime na nossa cultura. É algo que atrapalha todo o desenvolvimento biológico, psicológico e social do indivíduo, como já informamos nas páginas anteriores.

O que também não pode é criança grande, pré-adolescente

ou adolescente ter brincadeira sexual com a criança pequena. Se isso ocorrer, a criança grande, o pré-adolescente e o adolescente precisam ser repreendidos imediatamente. E enquadrados nos limites do não pode.

No entanto, se o toque é feito por crianças na mesma faixa etária, por exemplo, na sala da pré-escola, entre crianças de 4 ou 5 anos, aí não há nada de errado. É apenas mais uma forma de descobrir a si mesmo e ao mundo ao redor. Porém, mesmo que isso seja algo natural do processo de desenvolvimento, não é para a professora deixar ocorrer livremente na sala de aula. É importante explicar à criança que não se pode tocar o corpo da outra pessoa onde e como a gente tem vontade. Principalmente nas partes que ficam cobertas, guardadas, protegidas com a calcinha ou a cueca.

E a conversa pode e deve ir além: a professora e os pais precisam dizer à criança, desde cedo, que ninguém pode tocar o corpo da gente nas partes que ficam mais guardadas, mais protegidas. Ou que a gente sente que é algo de errado ou de esquisito. Ou que dão vergonha. Se isso acontecer ou estiver acontecendo, é preciso contar para a mamãe, o papai ou a professora, porque isso precisa parar, mesmo que seja gostoso de algum jeito. E também precisa parar mesmo que esteja acontecendo com alguém que você gosta muito. Ou seja, dizer isso para a criança, desde cedo, é uma forma de educar sexualmente para que ela aprenda a cuidar do seu corpo e a se prevenir e agir contra o abuso sexual.

Cabe complementar aqui que muitas vezes o adulto não sabe o que fazer quando se depara com uma situação delicada dessas sendo vivida pelos filhos ou pelos alunos. Sugiro que busquem ajuda nos serviços de apoio à infância e à adolescência, onde será possível se orientar sobre a forma mais adequada para interromper e lidar com essa situação tão complexa, desesperadora e sofrida.

As perguntinhas difíceis

Já quanto às perguntinhas difíceis que as crianças fazem a partir do momento que começam a descobrir mais e mais o mundo, seguem agora algumas considerações.

É importante lembrar que as perguntas sobre sexualidade já devem ser respondidas desde que a primeira delas aparecer. Isso não tem data certa para ocorrer: pode ser aos 2, 3, 5 anos, ou mais. Mas o que dizer, por exemplo, quando a criança dispara: "O que é sexo?" ou "O que é camisinha?", entre outras?

Costumo recomendar aos pais e professores que ninguém precisa saber todas as respostas. Diante de uma criança pequena, não adianta querer dar uma aula ampla de educação sexual como é possível oferecer ao pré-adolescente ou adolescente. Para os pequenos, basta responder o básico.

Uma coisa que não vale é inventar respostas absurdas do tipo "Camisinha é uma camiseta bem pequenininha", como uma mãe contou que o fez para sair da saia-justa com a filha de 5 anos. Tudo bem, às vezes a gente não sabe mesmo o que fazer. Mas para essa pergunta da menina, talvez uma resposta mais adequada fosse: "Camisinha é algo que a gente usa no pênis ou na vagina quando cresce e vai namorar. Não é para agora. É para quando você virar gente grande". Ou seja, essa resposta: 1. Começa a nomear adequadamente os genitais; 2. Esclarece a curiosidade da criança; e 3. Explica que não é algo para este momento, e sim só lá para frente, para o mundo adulto. Note que a palavra sexo nem apareceu na explicação. Não foi preciso. Pelo menos dessa vez.

Um pouco de cada vez

Mas em breve será necessário ir além com a explicação. Como, por exemplo, quando mais cedo ou mais tarde a criança disparar claramente: "O que é sexo?". Antes de responder, uma boa forma de entender o que a criança já sabe, e o que quer de fato saber, é voltar essa pergunta para ela: "O que você acha que é sexo?". Isso vale para qualquer pergunta que emergir sobre sexualidade ou outros temas.

Ouvir a resposta da criança é o primeiro passo para ajuda-la a lidar com a curiosidade e a ansiedade que essa vontade de saber pode causar.

A partir daí, uma possível resposta clara e franca aos pequenos pode ser: "Fazer sexo é quando o homem e a mulher ficam juntinhos, se abraçando, se beijando e namorando. É coisa de gente grande. Não é de criança." Ou seja, o segredo é explicar de forma clara e como for possível, dando noções de limite e, principalmente, de que a prática do sexo é algo do mundo adulto. Não da infância.

E tem criança que não para por aí e emenda: "Tem que ficar pelado?" Essa é a hora em que os pais pensam: "Socorro, isso não vai ter fim!" Mas vai ter sim. Aqui vale responder: "Quando você for gente grande, mas só quando for grande como o papai e a mamãe, vai poder ficar pelada sim abraçando outra pessoa. Isso se você quiser. A gente não pode fazer nada contra a vontade". Mais uma vez, estamos dando a noção de limites.

Lidar com tudo isso pode ser uma tarefa difícil para pais e professores, mas algo fundamental para a educação sexual durante todo o processo de desenvolvimento.

Ah, e não falamos de outro significado para a palavra "sexo". Talvez o mais simples: sexo é o que diferencia o homem da mulher, ou seja, podemos ser do sexo masculino ou do sexo feminino. O papai, por exemplo, é do sexo masculino. E a mamãe, do sexo feminino. Isso também vale explicar, você não acha?

E de onde vêm os bebês?

Faltou falarmos também de algo crucial: de onde vêm os bebês. Isso a gente já sabe que a criança desde muito cedo quer saber. Uma criança de 5 anos respondeu o seguinte: "Os bebês vêm do hospital. O meu irmão veio de lá". Isso não deixa de ser em parte verdade. Mas uma verdade pela metade, não é mesmo? Tanto que você deve ter soltado uma risadinha quando leu a resposta da criança.

Dizer simplesmente que os bebês vêm do hospital talvez seja uma versão moderna da história da cegonha que costumávamos contar aos pequenos. A informação mais adequada a dar às crianças é a de que os bebês vêm da barriga da mãe. E como entraram lá? E como vão sair de lá? Essas certamente serão as perguntas seguintes.

Como respondê-las? Talvez uma das possibilidades seja explicar às crianças que os bebês passam nove meses na barriga da mãe: de quando eram bem pequenos, menores que um grão de arroz, até ficarem bem maiores. E continuar esclarecendo que, quando o bebê tiver crescido o suficiente, será a hora de nascer. Isso pode acontecer de dois jeitos: um deles é com uma cirurgia que faz um pequeno na barriga da mãe. A cirurgia é feita no hospital e com todos os cuidados para a mãe não sentir dor. O outro é o bebê nascer passando naturalmente pela vagina da mãe, que vai se abrir quando chegar a hora de a criança passar. Isso também costuma acontecer no hospital. Depois de tudo isso é que os bebês são trazidos pelos pais para casa.

Isso pode ser explicado com ajuda de livros infantis, que abordam esse e outros temas de forma ilustrada, esclarecedora e divertida. O importante, portanto, é esclarecer as dúvidas que surgem da melhor forma possível, usando um jeito de explicar que a criança entenda e sem ir além do necessário. Nem contar histórias absurdas.

No entanto, há quem acredite que conversar sobre sexualidade com a criança estimulará uma vivência precoce do sexo. Essa ideia é equivocada. O que percebemos é que ocorre justamente o contrário: a criança, o pré-adolescente e o adolescente que recebem educação sexual ao longo da vida se tornam mais conscientes do próprio corpo e de como cuidar bem dele, com responsabilidade e segurança. Isso inclui adquirir noções mais adequadas sobre prevenção à gravidez fora de hora e às doenças sexualmente transmissíveis, bem como sobre o afeto e o prazer sexual. O que favorece, assim, que a vivência da sexualidade ocorra em momento adequado e de forma mais saudável e feliz.

LIÇÃO 5

Educar de 6 a 11 anos
Os aprendizados da criança

Nesta lição, o assunto é a conquista de capacidades e saberes dos mais variados pela criança que está crescendo. O que será preciso aprender nesta fase de 6 a 11 anos de idade? Como oferecer educação sexual a essa criança? Vamos por partes, a começar por entender o que se passa no seu mundo.

O reflexo dos pais

De acordo com a Psicologia Analítica, o modo de ser de uma criança de 6 anos ainda é muito mais um reflexo das influências dos pais do que uma expressão delas mesmas. Não há uma personalidade desenvolvida: a consciência de si, maior do que na fase anterior, ainda está em estágios iniciais.

A entrada na escola, no 1° ano do Ensino Fundamental, será um marco gigantesco na vida da criança. Não só pelo fato de que, a partir de agora, ela irá aprender uma série de conteúdos dos mais diversificados e de forma metodológica. Mas especialmente também porque o ambiente da escola vai ajudar essa criança no seu processo de desprender-se do ambiente da casa, a fim de conquistar sua independência dos pais e de desenvolver sua personalidade.

A criança está entrando, portanto, em um período marcado pela crescente estruturação dela mesma como uma pessoa inteira. E, ao mesmo tempo, de adaptação a esse enorme e desconhecido mundo ao redor. Tudo isso poderá trazer, além de infinitas possibilidades de descoberta, uma série de dificuldades, às vezes bem dolorosas. Como sentir-se muito diferente das outras crianças, por exemplo, entre outras situações. Casa e escola precisam compreender e auxiliar a criança a enfrentar esse processo.

A finalidade maior da educação escolar é, portanto, conduzir a criança para um mundo mais amplo. E, assim, completar a educação que está sendo dada pelos pais.

Brincando com letras e números

Nesta etapa, a brincadeira da criança vai se modificar. E se dará agora especialmente com letras e números: o desejo de saber será o motor de tudo isso, e também a nova modalidade da criança de exploração do mundo.

Até os 11 anos de idade a criança desenvolverá cada vez mais o pensamento. Sendo assim, os jogos e as brincadeiras passarão pouco a pouco a exigir maior atenção e concentração, além de exercitar um novo aprendizado para a convivência em sociedade: o de competir e compartilhar.

O reflexo desse exercício se dará em situações das mais variadas. Uma mãe contou um bom exemplo do que estamos falando. Um dia pegou um resfriado forte e começou a se lamentar. Seu filho de 10 anos, também resfriado naquela semana, imediatamente passou a competir com ela: "Eu estou mais doente do que você, e estou reclamando menos!".

Neste período, o interesse da criança será cada vez maior por jogos de regras. Aqui entram dominó, dama, xadrez, cartas de baralho etc., em seus formatos e materiais originais, e também nas versões para internet. Os jogos vão requerendo cada vez mais habilidades intelectuais, além de amadurecimento para lidar com o ganhar e o perder.

Aos poucos, essa criança começará a fazer parte de grupos, como times de futebol, basquete ou outro esporte, e turmas, como da escola, do prédio, do local onde passa as férias etc. E surgirão inicialmente (e de forma natural) dois grandes times onde quer que a criança esteja: é o time de meninos para um lado, meninas para outro. Com o passar dos anos, os grupos se formarão por outras características, como as afinidades das mais variadas no jeito de ser.

Exercitar o aprendizado por meio da brincadeira que emerge nesse período escolar ajudará a criança a lidar com as dificuldades e as angústias naturais de seu processo de desenvolvimento. E de conhecimento do mundo.

A hora da educação sexual

E como fazer educação sexual nesta fase? A partir dos 6 anos de idade, já é hora de uma educação sexual mais ampla e didática do que na fase anterior. Aqui a criança já desenvolveu uma série de capacidades para que isso ocorra.

É o momento em que os Parâmetros Curriculares Nacionais, que dão diretrizes para todo o ensino brasileiro, sugerem que o tema sexualidade comece a ser transversal. E que isso ocorra durante todo o Ensino Fundamental e Médio. Ou seja, a partir dos 6 anos de idade, até a adolescência.

Explico com mais detalhes essa questão da transversalidade em páginas anteriores, na lição sobre o papel da escola e dos pais. Para prosseguirmos aqui, vale retomar a informação de que manter o tema sexualidade como transversal no ensino significa, em linhas gerais, fazer com que esteja presente nas variadas disciplinas sempre que se verificar uma oportunidade.

Um exemplo bem simples: na aula de artes, exercitar em desenhos, colagens e outras técnicas o aprendizado e a discussão de papéis sexuais. Outro: na aula de educação física, trabalhar as questões de respeito ao corpo. Isso não exclui a possibilidade de aulas, palestras e outras ações específicas na área de educação sexual. Além, claro, de esclarecer e lidar sempre com as perguntas e as situações que emergem dos alunos de variadas idades.

Mais do que isso: a educação sexual na escola pode e deve incluir ações de capacitação para professores, coordenadores, gestores e toda a equipe que lida com os alunos, como o pessoal da cantina, da limpeza etc. Além de abarcar também ações de sensibilização e orientação para pais e familiares. Isso ajudará a realizar uma educação sexual de maior qualidade, além de ampla e transformadora.

Em casa, esse campo para o diálogo sobre sexualidade precisa também estar aberto. Desde quando? Como vimos na lição anterior, desde que aquelas perguntinhas saia-justa, difíceis de responder, começarem a brotar das crianças. A partir dos 6 anos, esse campo precisa estar mais ainda aberto, para que a criança encontre em casa um porto-seguro para levar suas dúvidas, dificuldades e comentários sobre o que tem aprendido no dia-a-dia escolar, nos relacionamentos com o mundo além da casa e na vida como um todo. A criança precisa encontrar em casa um campo para digerir melhor os mais variados conteúdos.

Como os de educação sexual. Ou seja, os pais são fundamentais para acolher os filhos e ajuda-los a lidar com as descobertas do processo de desenvolvimento. O campo para a conversa precisa, portanto, ser e manter-se aberto pelos adultos, com a sensibilidade para transmitir sempre a noção de limites, mas sem cobranças, ameaças ou repressões.

Como e o que ensinar

Afinal, o ensinar sobre educação sexual para as crianças de 6 a 11 anos? Para começar a caminhar nesse assunto, é importante observar o que alerta o Ministério da Educação nos seus Parâmetros Curriculares Nacionais:

• Praticamente todas as escolas trabalham o aparelho reprodutivo em Ciências Naturais. Geralmente o fazem por meio da discussão sobre a reprodução humana, com informações ou noções relativas à anatomia e fisiologia do corpo humano. Essa abordagem normalmente não abarca as ansiedades e curiosidades das crianças, nem o interesse dos adolescentes, pois enfoca apenas o corpo biológico e não inclui a dimensão da sexualidade.

A conversa nesta fase da vida, portanto, precisa ser ampla e abarcar informações sobre:

1) o corpo;

2) as relações de gênero (a questão dos papéis de homens e mulheres); e

3) a prevenção às doenças sexualmente transmissíveis, como nos sugerem os Parâmetros Curriculares Nacionais.

Vamos exemplificar como fazer isso. A começar pelas necessidades de saber mais quanto ao corpo. Um começo de conversa nos anos iniciais da criança na escola pode ser falar sobre o corpo reprodutivo. Ou seja, sobre como é o corpo feminino e masculino e seu funcionamento. Isso inclui as diferenças entre os sexos, o processo de amadurecimento marcado pela primeira menstruação e pela primeira ejaculação, entre outros. Esse seria um conteúdo interessante a abordar aos 6, 7 e 8 anos de idade mais ou menos, com ampliações, avanços e retomadas, de acordo com as capacidades das crianças. Já por volta de 9, 10 e 11 anos de idade, mais ou menos, ou seja, com a proximidade da pré-adolescência, o assunto deve naturalmente se ampliar para o corpo erótico. Isso inclui informações a mais sobre o corpo e o prazer, sempre sem perder de vista questões quanto a limites e possibilidades.

Todo esse conteúdo deve ser dado pela escola, mas não necessariamente só por ela. Os pais podem e devem discutir em casa esses temas, além de se apoiar em livros, palestras, sites de conteúdo de qualidade, entre outros.

Para as explicações sobre corpo reprodutivo feminino e masculino, por exemplo, livros e atlas sobre o corpo humano podem ajudar muito. É importante visualizar as ilustrações de como são os órgãos e seu funcionamento, incluindo as células sexuais (os óvulos e os espermatozoides), de como se dá o processo de fecundação e de gestação, bem como de todo o processo de crescimento e amadurecimento, entre outros. Para as ampliações sobre corpo erótico, vale se orientar em bibliografias de qualidade das mais variadas sobre o tema sexualidade.

Na próxima lição, sobre a puberdade, trarei informações complementares sobre esses temas e que podem ser antecipadas aqui nesta fase, de acordo com as necessidades dos alunos e dos filhos.

Risadas e brincadeiras

As risadas e as brincadeiras, bem como os olhos atentos e as perguntas das mais variadas, vão emergir na sala de aula e em casa ao conversar sobre tudo isso. É um jeito de a criança (e de nós adultos também) lidar com a ansiedade e a curiosidade que o tema sexualidade, assunto tabu na nossa cultura, traz durante todo o processo de aprendizagem.

Desenhos de genitais nos cadernos, na louça etc. também vão aparecer como forma de lidar com esse momento de crescimento e descoberta. Eles desaparecerão natural e gradualmente, na medida em que o processo de desenvolvimento vai seguindo seu curso.

Isso tudo ocorre porque, ao mesmo tempo em que a criança aprende sobre as transformações que o corpo humano passa, ela mesma está vivenciando esse processo.

Aliás, aqui vale olhar para nós mesmos: não é nada fácil falar sobre sexualidade, até simplesmente porque temos e vivenciamos uma, com nossos limites, possibilidades e dificuldades. Assim também ocorre com o processo de desenvolvimento dos filhos e alunos. A educação sexual ajuda, portanto, a esclarecer dúvidas e a aliviar ansiedades frente a esse desconhecido, curioso, interessante e assustador processo de amadurecimento.

Sobre o desenvolvimento físico, vale saber que, em linhas gerais, até os 10, 11 anos de idade meninos e meninas crescerão cerca de cinco centímetros por ano, mas ainda conservando as características infantis. A partir daí, o corpo começará a dar sinais de que a puberdade se aproxima.

Nas meninas, por exemplo, pode ser que surjam pequenos sinais de cor marrom na calcinha. Isso pode ocorrer ao longo de todo o ano anterior à chegada da primeira menstruação, chamada de menarca. Essa primeira menstruação costuma vir em média aos 12 anos de idade, mas dos 9 anos até os 16 é um período considerado normal para ela ocorra, segundo os médicos.

Já para os meninos, a puberdade costuma chegar por volta dos 13 anos de idade, um ano após a das meninas. Mas às vezes vem aos 11 ou 12 anos. Será quando ele terá sua primeira ejaculação espontânea, chamada de semenarca ou espermarca, que é o paralelo da primeira menstruação nas meninas. Até então, no entanto, suas características infantis vão permanecer.

Vamos falar mais detalhadamente sobre essas transformações da puberdade na próxima lição. Aqui continuaremos a olhar para a fase da infância. Nesta etapa de chegada à escola, as perguntas sobre assuntos diversos virão aos montes, e se estenderão ao longo dos anos seguintes. E, claro, perguntas sobre sexualidade não poderiam ficar de fora da lista.

As perguntas na escola

Nas ações que faço para alunos de 1º e 2º ano do Ensino Fundamental, ou seja, crianças de 6, 7 e 8 anos mais ou menos, emergem questões e temas dos mais curiosos, E talvez surpreendentes para uma significativa parcela de professores e pais. Veja algumas perguntas colhidas na caixa de dúvidas, um espaço para serem depositadas anonimamente pelos alunos durante as ações educativas:

• O que é sexo?

• O que é masturbar?

• O que é sexo anal?

• O que é sexo oral?

• O que é penetração?

• O que é pênis?

• O que é vagina?

• O que é camisinha?

• O que é menstruação?

• O que é gay?

• Menina pode beijar menina na boca?

• Homem velho pode mexer no menino?

• Porque eu fico duro?

• Porque é gostoso colocar a mão lá embaixo?

Nessa pequena amostra de questões, podemos perceber que a criança quer saber mais sobre coisas que ouve, assiste ou lê. Ou que vivencia: a pergunta sobre o homem "velho" é preocupante e requer uma investigação mais aprofundada sobre a possibilidade de estar ocorrendo um abuso sexual.

Para a sala de aula como um todo, é importante esclarecer que não, nem homem nem mulher mais velhos podem mexer em meninos e meninas. Ninguém pode. Seu corpo é só seu e ninguém deve tocá-lo em partes íntimas. Se isso estiver ocorrendo, não é culpa sua nem erro seu, por mais que você sinta prazer ou goste de alguma forma. O erro é do homem adulto ou da mulher adulta, que passaram dos limites e estão fazendo algo errado, que tem de parar imediatamente. Você pode falar com alguém de confiança na escola ou em casa, para ajudar a parar essa situação tão difícil e que angustia tanto. Você não pode desistir de encontrar um adulto de confiança que lhe ajude a interromper isso, mesmo se já falou com alguém muito querido e a pessoa não lhe ouviu. Ou disse que a culpa é sua. Ou lhe repreendeu de alguma forma. A culpa não é sua, você precisa saber bem disso. Será preciso encontrar então alguém que lhe escute e lhe ajude. Tente de novo com outra pessoa de confiança. Você vai conseguir. Tenha coragem e não fique se sentindo mal no seu canto, sofrendo sozinho. É natural a gente precisar de ajuda em situações tão doídas como essa. Busque essa ajuda, para parar isso imediatamente.

Insisto nesses temas porque são muito difíceis de lidar, tanto que dá até um nó na garganta ou no estômago quando a gente lê as linhas acima. Se só de abordarmos o tema aqui no livro já é incômodo, imagine como é terrível para a criança, o pré-adolescente ou o adolescente que se encontra vítima dessa situação dolorosa. É preciso falar abertamente sobre isso não só para interromper os abusos e excessos, mas também para evitar que ocorram. Diante da complexidade e da imensa dor que isso causa, as outras perguntas sobre sexualidade até se tornam mais simples, você não acha?

Vamos agora a elas. Antes de começar a respondê-las, vale saber: para ajudar a lidar mais tranquilamente com a prática da educação sexual na escola ou em casa, basta olharmos para as perguntas e os conteúdos a serem abordados com cada vez mais naturalidade, entendendo que a sexualidade faz parte da vida de todas as pessoas.

Algumas possíveis respostas

Vamos então a algumas possíveis respostas para as perguntas da turma de 6 a 8 anos que listei anteriormente:

• Sexo é uma prática do mundo adulto. É quando o casal troca carícias, em geral quando está nu, e fica bem junto de jeitos variados, para sentir sensações de prazer.

• Masturbação é tocar o pênis, a vagina e as redondezas com as mãos para sentir prazer.

• Sexo anal é a penetração do pênis no ânus a fim de sentir excitação e prazer.

• Sexo oral é usar a região da boca para acariciar a região da vagina ou do pênis.

• Penetração é a introdução do pênis na vagina.

• Pênis é, entre outras coisas, o principal órgão do corpo masculino que traz sensações de prazer sexual.

• Vagina é, entre outras coisas, um dos principais órgãos do corpo feminino que podem trazer sensações de prazer sexual.

• Camisinha é um produto usado no pênis ou na vagina para evitar as doenças transmitidas pelo sexo.

• Menstruação é basicamente a liberação de sangue pelo corpo feminino quando o óvulo, a célula sexual das mulheres, não foi fecundado pelo espermatozoide, a célula sexual dos homens. Ela ocorre naturalmente todo mês e começa em geral a partir dos 11, 12 anos.

• Gay é a pessoa que sente desejo por outra do mesmo sexo. É o mesmo que homossexual. Não é algo doentio nem errado ou sujo. É apenas uma das possibilidades de ser em relação ao desejo sexual.

• Menino fica com o pênis duro quando está sentindo excitação. É uma sensação gostosa, que pode vir quando algo estimulante passa pela sua imaginação, ou pela sua visão, ou pelo toque no seu corpo, por exemplo.

• Menina gosta de colocar a mão na vagina porque pode dar uma sensação de prazer e de excitação. Essa sensação gostosa pode vir de diversos jeitos, mas especialmente ao tocar a vagina com as mãos.

Ou seja, a gente pode ver por aqui que há infinitas maneiras de responder as questões. E que uma pergunta vai puxando diversas outras.

Não há uma fórmula para pais e professores responderem a todas as perguntas. Nem é necessário que saibam de pronto todas as respostas, como costumo sempre dizer. O importante é acolher e valorizar a pergunta. E buscar as possibilidades de resposta. Se você já souber como responder, então o faça de forma clara, didática e franca. Mas se não souber, não faz mal: você pode, por exemplo, informar aos alunos ou aos filhos que vai procurar as informações e explicar na sequência.

Na aula seguinte, na próxima conversa. Ou sugerir que façam essa busca de informações juntos.

Isso ensina a eles outra coisa fundamental a sabermos para a vida: que ninguém é perfeito. Nem eu, nem você, nem outros adultos, nem os alunos ou os filhos, vão saber exatamente tudo sobre qualquer assunto que seja. Sempre haverá algo a descobrir e a aprender. Essa é a maravilhosa dinâmica da nossa vida.

O uso dos dicionários

Para auxiliar essa empreitada de busca de informações e respostas, os dicionários costumam ser bastante úteis como material inicial de apoio, pois são um começo de conversa para os variados assuntos. Por exemplo, ao consultar o Dicionário Houaiss de Língua Portuguesa para verificar o que é preservativo, temos o seguinte:

• Preservativo – Invólucro de látex muito fino, que envolve o pênis, usado nas relações sexuais a fim de evitar a contaminação por doenças sexualmente transmissíveis; usado também como contraceptivo.

E no mesmo verbete tem mais informação:

• Preservativo feminino – dispositivo de látex ou outro material flexível, que a mulher introduz na vagina antes de relação sexual, como contraceptivo ou proteção contra doenças.

É claro que será necessário ir além do que diz o dicionário para esclarecer as coisas de forma que a criança entenda a resposta, de acordo com a idade e a fase de desenvolvimento em que ela está. A sugestão aqui, no entanto, é que essa atitude de consulta seja útil para um começo de entendimento.

Ou que funcione como uma ferramenta para uma ampliação de olhar. Enfim, para ser um conhecimento a mais. Pais, professores e alunos podem e devem ter o dicionário como aliado na busca pelas mais variadas informações.

Como já dissemos, os livros mais específicos sobre educação sexual também podem e devem auxiliar nesta fase de 6 a 11 anos. E, claro, nas posteriores. Mas nada disso excluirá a conversa franca e aberta entre os professores e seus alunos. E entre os pais e seus filhos. Portanto, coragem, queridos adultos! A bola está com vocês. É hora de marcar esse gol a favor de uma educação que favoreça uma vida mais saudável, mais responsável e mais prazerosa.

Na lição seguinte vamos falar de transformações da puberdade. Essas informações podem ser muito úteis também aqui nesta fase, em especial ao fazer educação sexual dos 9 aos 11 anos de idade, anos em que a criança está mais desenvolvida e rumando à pré-adolescência.

Vamos então a elas, tanto para prosseguir com a educação sexual na próxima fase de desenvolvimento, quanto para observar conceitos e informações que podem ser aproveitados para fazer uma educação sexual de qualidade também aqui na infância.

LIÇÃO 6

Educar de 12 a 14 anos
As mudanças da pré-adolescência

Muitos pais sentem vontade de sair correndo quando os filhos chegam aos 12, 13 ou 14 anos de idade. Na escola, os professores também se preparam para lidar com este momento: é a hora de o aluno ingressar na tão esperada e fervilhante 7ª série. Nestes próximos três anos, os três últimos do Ensino Fundamental, será uma fase de pré-adolescência. E a nossa quarta lição fala justamente deste momento de transformações no corpo, na cabeça, nas emoções e nos sentimentos de meninos e meninas. Vamos lá.

O empurrão hormonal

O tempo passou rápido. E ninguém é mais criança aos 12, 13 ou 14 anos. Mas não é adolescente ainda. Como lidar com isso?

Talvez entendendo que essa é uma fase de transição, que começa com um grande marco: meninas têm a primeira menstruação; meninos, a primeira ejaculação. Isso significa que por dentro do corpo toda uma transformação também se dá: os meninos já produzem espermatozoides; as meninas já liberam um óvulo todo mês. Ou seja, ambos entraram no período em que podem reproduzir. Mas obviamente não quer dizer que devem fazer isso. Engravidar é coisa para outra fase. A adulta, de preferência.

Esse empurrão hormonal faz com que uma transformação gigantesca se inicie. O corpo de criança vai cedendo lugar ao de um jovem. O pênis e os testículos crescem; os pelos nas axilas e na região genital aparecem; a voz começa a engrossar. Nas garotas, o quadril se alarga, as mamas aumentam e surgem pelos na região da vagina, que se transforma. A cabeça de ambos vira uma confusão. É muita mudança, e que traz ansiedade, surpresas, medos, alegrias.

Fazer o quê? Mais uma vez, o adulto precisa se abrir a conversar, apoiar, acolher. Seja em casa ou na escola, ninguém precisa ter resposta pronta nem fórmula mágica para lidar com isso. O tempo vai passar e as mudanças vão ser incorporadas na vida dos garotos e das garotas, bem como na vida familiar e escolar. E logo uma nova fase virá. Então, calma! É assim mesmo. Esse dinamismo é uma das maravilhas do processo de desenvolvimento da nossa vida.

Para entender melhor o que se passa, vale retomar alguns conceitos: puberdade é um conjunto de transformações corporais que se iniciam com a primeira ejaculação espontânea nos meninos, e com a primeira menstruação nas meninas. Já adolescência é o conjunto das transformações emocionais que ocorrem a partir da puberdade. No entanto, há uma fase que antecede essas transformações. Ou seja, uma pequena etapa em que a cabeça começa a mudar, mas ainda não é a adolescência. Estamos falando da pré-adolescência, fase intermediária entre a infância e a adolescência. Vejamos a seguir as principais alterações dessa fase.

As principais transformações

Para as meninas, a primeira menstruação ocorre por volta dos 12 anos de idade, em geral. Mas os médicos ginecologistas afirmam que entre 9 e 16 anos é um período natural para isso acontecer. O que essa primeira menstruação significa principalmente? Que a menina já libera óvulos e pode engravidar caso tenha relação sexual. Porém:

1) pré-adolescência é ainda uma fase muito precoce para vivências como essas; e

2) uma gravidez nesse período não é saudável, pois o corpo e a cabeça ainda estão em desenvolvimento e não preparados para a complexidade de tudo isso.

Quais cuidados com a saúde são importantes nesta fase? Marcar uma consulta com o médico ginecologista é uma boa opção para ver como anda a saúde sexual da menina e toda essa transformação hormonal. Não é preciso sentir medo. Nem vergonha. O especialista vai apenas avaliar e dar orientações.

Para os meninos, a primeira ejaculação acontece por volta dos 13 anos de forma espontânea. Em geral, enquanto dorme: o menino acorda e se surpreende com algo que nem sabe direito o que é. Houve uma ejaculação, chamada polução noturna. O que muda principalmente? O corpo do garoto, a partir de agora, já produz o sêmen, que é aquele líquido que contém espermatozoides. E pode engravidar uma garota a partir da puberdade se tiverem relações sexuais sem proteção. Ou seja, sem o uso de camisinha ou de outro método para evitar a gravidez. Só que vale repetir: esta é uma fase muito precoce para gerar um bebê.

E acrescentar: por mais que a gravidez se dê no corpo da garota, e não do menino, existe uma paternidade em jogo. Isso é algo que precisa ser levado em conta nas ações educativas, que muitas vezes dão ênfase apenas à questão da grávida e da maternidade.

E quanto aos cuidados com a saúde do garoto pré-adolescente? Aqui vale também agendar uma consulta ao médico, o urologista, para verificar como anda o corpo do menino e sua saúde sexual. A consulta é bem simples e muito esclarecedora.

Esse empurrão hormonal vai certamente gerar uma série de dúvidas, inquietações, ansiedades e conflitos na vida da menina e do menino. A partir de agora, o corpo de criança está ficando para trás, o que é uma perda bastante dolorida. Ao mesmo tempo, surge o interesse em descobrir melhor esse novo corpo e os prazeres que ele pode proporcionar. Entra em cena a masturbação, só que agora de um novo jeito, bem diferente da fase infantil: neste momento, o jovem já consegue ter a consciência mais clara e amadurecida do que se passa com seu corpo e com sua vida, e dar ao sexo e à sexualidade significados mais elaborados e próximos ao modo adulto de pensar.

É basicamente sobre essas questões que precisamos conversar franca, aberta e amplamente na escola e em casa durante o período da pré-adolescência.

Mas vamos além: é hora de olhar para a importância de retomar conceitos que muitas vezes consideramos já assimilados pelos filhos ou alunos. O próprio jovem costuma dizer para a gente: "Já sei, já sei". Será que sabe mesmo? Ou será que, pela complexidade do assunto, muitas vezes achamos que sabemos, sem isso ser de fato verdade?

A importância de retomar conceitos

Para fazer a educação sexual na pré-adolescência, ou em qualquer outra fase, será sempre importante resgatar e aprofundar conceitos aprendidos na fase anterior. Para quem tem de 12 a 14 anos será necessário, por exemplo, retomar e ampliar os conceitos sobre os genitais. Isso significa explicar mais detalhadamente, portanto, sobre o seguinte:

• Ovários – São as glândulas sexuais femininas, chamadas também de gônadas. Com formato oval, produzem os hormônios que controlam o ciclo menstrual: o estrogênio e a progesterona. Além de desenvolver e amadurecer os óvulos, que são as células sexuais da mulher, chamadas também de gametas. A cada mês, um óvulo é liberado em geral por um dos ovários, sendo em um mês pelo ovário direito, e no outro pelo esquerdo;

• Tubas uterinas (ou trompas) – São canais que unem os ovários ao útero. Têm até 12 centímetros de comprimento e apresentam uma espécie de franjas (as fímbrias) na extremidade, para captar o óvulo liberado pelo ovário. O óvulo fica 24 horas nas tubas esperando para ser fecundado pelo espermatozoide. Caso isso não ocorra, é absorvido ou eliminado pelo corpo.

• Útero – É onde o feto se desenvolverá. Parece uma pera de cabeça para baixo e fica no meio da bacia, atrás do osso púbico. Todo mês há o espessamento de sua camada interna (o endométrio), para formar um "ninho" e receber o óvulo fecundado pelo espermatozoide. Caso isso não ocorra, a camada do endométrio se desprende, dando origem à menstruação.

• Vagina – É o canal que liga os órgãos geniais internos (ovários, tubas e útero) ao exterior. A vagina é um tubo que, em repouso, mede cerca de oito centímetros de comprimento. Suas paredes ficam unidas. Mas, quando a mulher se excita, o canal vaginal alarga para 2,5 centímetros de diâmetro, se lubrifica e se aprofunda (dobra de tamanho, para 16 centímetros de comprimento) para receber o pênis.

• Vulva – É o conjunto dos órgãos sexuais externos. Composta pelos grandes e pequenos lábios, o clitóris (que mede entre dois e três centímetros e é o principal órgão de prazer feminino), o orifício de entrada da vagina (que fica recoberto com o hímen, uma membrana bem fina com um pequeno orifício por onde escoa o sangue menstrual das meninas virgens), o orifício da uretra (por onde sai o xixi) e o Monte de Vênus (camada gordurosa recoberta de pelos, que serve para proteger a região e amortecer os movimentos da penetração).

• Testículos – São as gônadas masculinas. Ficam dentro do saco escrotal e produzem a testosterona, que é o hormônio sexual masculino, e os espermatozoides, que são as células sexuais masculinas (os gametas). Contam com canais minúsculos, os túbulos seminíferos, onde são produzidos os espermatozoides. E costumam ser cerca de 1 a 2 graus mais frios que o restante do corpo masculino, para servir de geladeira na conservação dos espermatozoides que estão sendo produzidos.

• Epidídimos – Ficam sobre os testículos e são compostos por dois tubos que parecem um novelo de lã, mas com formado de uma letra C. Os espermatozoides precisam passar por todo esse novelo, que tem cerca de seis metros, para concluírem seu processo de maturação. Esse percurso dos espermatozoides leva cerca de 10 dias;

• Canal deferente – Formado por dois canais, leva os espermatozoides do epidídimo até a uretra, onde serão expelidos com a ejaculação. Armazena os espermatozoides, que podem ficar a espera de uma ejaculação por até 30 dias. Caso a ejaculação não ocorra, esses espermatozoides podem ser expelidos por uma polução noturna, que é a ejaculação que ocorre no sono, sem o jovem ou o homem perceber.

• Vesículas seminais – Produzem um dos líquidos que compõem o sêmen. Esse líquido também nutre os espermatozoides para a sua viagem dentro do corpo feminino.

• Próstata – Produz o líquido que se une ao produzido pelas vesículas seminais para compor o sêmen. Durante o ponto mais alto de excitação sexual, a próstata se contrai a cada 0,8 segundo e esse movimento se une ao dos outros músculos da região peniana, promovendo a ejaculação.

• Uretra – Canal por onde sai o xixi, mas também a ejaculação. Ambos não saem jamais juntos, pois a excitação desencadeia um processo que impede que isso ocorra. Uma gota de um líquido lubrificante (uma secreção das glândulas uretrais e bulbouretrais) sai antes da ejaculação para limpar o canal (para neutralizar a acidez da urina) para a passagem o sêmen. Essa gota pode conter espermatozoides, ou seja, oferece risco de engravidar, antes mesmo de a ejaculação ocorrer.

• Pênis – Principal órgão de prazer do homem, composto de cabeça (chamada glande) e corpo. Na glande, fica o orifício da uretra, por onde sai o esperma e o xixi. A glande é coberta por uma camada de pele, o prepúcio, que retrai quando ocorre a ereção, exibindo a cabeça do pênis. No corpo do pênis há o corpo esponjoso, que fica ao redor da uretra e evita que a mesma seja "espremida" na hora da ereção, além de deixar a ponta do pênis macia para a penetração não machucar nem a si mesmo, nem a parceira. No corpo do pênis há também os corpos cavernosos, que são dois tubos como "cavernas". Esses tubos se enchem de sangue durante a excitação, promovendo assim a ereção.

Para essas explicações quanto aos genitais, extraí informações do livro "Altos Papos Sobre Sexo – Dos 12 aos 80 Anos", que escrevi e publiquei inspirada nos bate-papos que faço semanalmente no programa Altas Horas, no ar todo sábado pela TV Globo. Repare no título do livro: a obra se destina a falar sobre a sexualidade dos 12 aos 80 anos. Ou seja, de quando se dão as mudanças da puberdade em diante, e nas demais fases ao longo da vida. O que não significa necessariamente que precisamos encerrar algo aos 80 anos: ali foi apenas uma forma de dizer que as informações valem para várias faixas etárias. Este livro pode, portanto, ser lido por pré-adolescentes, adolescentes e adultos de variadas faixas etárias. E é uma ferramenta para ampliarmos as informações trazidas aqui.

E para que utilizo este meu livro anterior como sugestão nesta nossa conversa aqui? Por um motivo em especial: para lembrar que o conteúdo de educação sexual é vasto, não cabendo em uma única publicação. Pelo contrário:

devemos busca-lo em variadas obras de qualidade, a fim de ampliar cada vez mais os nossos conhecimentos e favorecer, assim, a prática da educação sexual.

As principais perguntas

E o que os garotos e as garotas mais querem saber na pré-adolescência quanto ao assunto sexualidade? Do que está para vir logo em seguida, na adolescência. Ou seja, de quando em geral ocorre a iniciação sexual do jovem brasileiro. Como dissemos em páginas anteriores, informam as pesquisas do Ministério da Saúde e da Educação que a primeira vez dos meninos se dá entre 15 e 16 anos, e das meninas entre 16 e 17 anos de idade. O pré-adolescente quer saber como será essa iniciação: como é para o menino, como é que para a menina, o que acontece com o corpo e com o prazer, a primeira vez, o orgasmo, a ereção, a ejaculação etc.

A preocupação com as doenças sexualmente transmissíveis e com gravidez fora de hora também emergem nessa etapa. É um momento e esclarecer tudo isso e compreender a ansiedade que as questões trazem, pois há muitas coisas complexas que estão vivendo e também que ainda não foram vividas.

Cabe acrescentar aqui que é na pré-adolescência que, em geral, o "ficar" e o namorar se inicia. É a fase dos primeiros beijos na boca, e de toda a confusão e ansiedade que isso causa. Falar sobre essas e outras questões em casa e na escola ajudam e muito a passar por essa fase.

Para ficar mais claro do que estamos falando, vamos a algumas perguntas colhidas em ações que faço em escolas e outros espaços para eventos, com jovens de 12 a 14 anos em média. E também a possíveis respostas.

Como é essa história de primeira vez?

Como qualquer primeira vez da vida: o primeiro dia de aula, o primeiro beijo, a primeira menstruação, a primeira ejaculação no meio da noite de sono e por aí vai. O que eu quero dizer com isso? Que a primeira vez envolve surpresas, fantasias, inseguranças, medos, prazeres, preocupações, diversões, escorregões e tudo o mais que todas as outras primeiras vezes que vivemos na vida envolveram e envolverão. Ou seja: primeira relação sexual é algo novo, e por isso diferente, curioso e único. Quer dizer: será diferente da primeira vez da amiga, do primo, do colega da academia. Para saber como é de fato só mesmo no momento em que você viver a sua.

Qual é a hora certa para começar a transar?

Na verdade, o melhor momento é aquele em que você achar que está maduro para isso. O que não tem a ver com a hora escolhida pelo seu amigo, ou sua amiga, ou a turma toda, ou o namorado, ou a namorada, ou outra pessoa qualquer. Você precisa estar se sentindo seguro e preparado para isso. Se você ainda se sentir em dúvida ou com medo, talvez seja melhor esperar um pouco mais. E para começar a transar, é necessário: **1)** Se informar sobre métodos para evitar uma possível gravidez não desejada;

2) Se conscientizar de que, hoje em dia, é importantíssimo fazer sexo seguro, ou seja, com camisinha; e

3) Escolher alguém muito especial para viver ao seu lado esse momento tão importante.

Se o menino olhar, vai ver o meu hímen ali no lugar?

O hímen é uma membrana que recobre o orifício vaginal. É difícil para um garoto ou uma garota olhar e perceber direitinho se o hímen está ali, intacto, na entrada da vagina. Isso é mais facilmente percebido no consultório do médico ginecologista.

Quando a menina deixa de ser virgem, sai sangue e dói?

Nem sempre há sangramento e dor quando o hímen se rompe. Isso depende do tipo de hímen e do quanto a garota está excitada na hora H. Se estiver bastante estimulada, a vagina vai se lubrificar e dobrar de tamanho, e essas mudanças corporais facilitam a penetração, para que o sexo traga prazer em vez de dor. Mas como sexo tem a ver com aprendizado, pode ser que nas primeiras vezes as coisas não saiam como o esperado. A dica para lidar com isso é ir com calma, descobrindo ao poucos como pode ser prazeroso.

O que é o orgasmo?

É uma sensação de intensa excitação e prazer, seguida de um profundo relaxamento. Também é chamado de clímax. Segundo os sexólogos, é a terceira fase da resposta sexual: tudo começa com desejo (primeira fase da resposta sexual), depois vem excitação (segunda fase) e, em seguida, o orgasmo (terceira fase). Depois dele vem a quarta e última fase, a resolução, em que o corpo entra em estado de um profundo relaxamento.

E orgasmos múltiplos, o que é isso?

Há mulheres que têm um grande orgasmo no final da relação. Outras têm pequenos orgasmos ao longo dela. Esses são os orgasmos múltiplos. Apenas 10% das mulheres, segundo estudiosos, nascem com a característica de ter esses orgasmos múltiplos. As outras 90% têm um orgasmo só, ao final do sexo.

Como sei se é orgasmo ou cosquinha?

É bem difícil identificar os primeiros orgasmos. Para isso, vale observar o seguinte: quando a gente chega ao orgasmo, dá uma sensação de mais prazer do que até então. Isso inclui contrações na vagina e no clitóris, um formigamento na região, além de arrepios por outras partes do corpo. No entanto, mesmo o orgasmo sendo muito gostoso, há quem ache pouco e desconfia se ocorreu de verdade ou não. Afinal, a gente escuta tanta coisa sobre o orgasmo: que a pessoa tem vontade de gritar, que perde a noção de tudo, que sai um monte de líquido da vagina etc. Então, quando ele acontece, muitas vezes a garota não consegue perceber que aquilo foi um orgasmo mesmo.

Por que é difícil para ter?

Por várias razões, mas principalmente porque nada funciona direito se a cabeça não estiver tranquila. Ou seja: é preciso estar despreocupada nessa hora do prazer. Medos, ansiedades e cobranças só atrapalham.

O que é a ejaculação?

Ejaculação ocorre quando o menino chega ao máximo de prazer. É o ato de lançar aquele líquido esbranquiçado, chamado de sêmen ou de esperma, que contém espermatozoides e pode engravidar a parceira.

E quando é ejaculação precoce?

Ejaculação rápida ou precoce é quando isso ocorre sem dar tempo de curtir um pouco mais. Às vezes o menino mal começou a dar um beijo ou a fazer uns carinhos a mais e não consegue se controlar: já ejacula. Isso pode ser considerado ejaculação rápida ou precoce. Para lidar com isso, a dica é procurar se acalmar e controlar melhor a ansiedade que aumenta nessa hora do sexo.

E essa tal de ejaculação feminina, o que é?

Seria o ato de a mulher expelir líquido pela região da vagina bem na hora do orgasmo. Mas há controvérsias: uma parte dos sexólogos diz que isso é possível. Já outra parte afirma que não: tudo não passa do líquido lubrificante natural do corpo feminino, que às vezes sai da vagina durante as contrações que o orgasmo traz.

É normal com 13 anos nunca ter ejaculado?

Se ainda não aconteceu, está quase para ocorrer. Acontece meio de repente, sem mais nem menos. Talvez até durante o sono. Não se preocupe porque isso é natural. Mas se você está encanado com alguma coisa, aí vai uma dica: sempre que a gente quer saber mais sobre o desenvolvimento do próprio corpo e a saúde sexual, vale a pena visitar um médico (para os meninos, o urologista). Assim, é possível esclarecer diversas dúvidas de uma só vez e voltar para casa mais informado e bem mais tranquilo.

A masturbação provoca espinha na cara?

Não! Isso não passa de mito. Masturbar-se com frequência não tem nada a ver com espinhas do rosto. As coisas apenas coincidem: na pré-adolescência ou adolescência, é comum o aparecimento de espinhas, por questões hormonais. E é também nessa mesma fase que se começa a descobrir melhor os prazeres sexuais. E a sentir vontade de se masturbar. Saiba que você pode se masturbar sem culpa, pois não tem nada de errado. O importante é fazer isso em um lugar reservado e com a porta fechada: não dá, por exemplo, para ficar tocando os genitais no meio da sala, não é mesmo?

Pode causar algum vício se eu me masturbar cinco ou seis vezes por dia?

Não necessariamente. Masturbação várias vezes costuma ser comum nesta fase de descoberta. Então, nada mais natural do que querer experimentar, experimentar, experimentar. Com o tempo, todo esse desejo acaba diminuindo e a frequência da masturbação também. Aquelas histórias de que se masturbar demais faz crescer pelos nas mãos ou deixa os mamilos cheios de caroços não passam de lenda. Tocar o próprio corpo é saudável: ajuda o garoto a aprender a lidar com a ejaculação e a controlá-la melhor; ajuda a garota a conhecer o caminho para o orgasmo.

Quais os limites de uma ficada?

Essa é uma questão delicada. Cada pessoa precisa saber bem até onde deve ir. Sexo não é beijinho no rosto, que a gente pode dar em várias pessoas sem se preocupar tanto. A prática sexual envolve maturidade, responsabilidade (estamos falando aqui de prevenção de doenças e de gravidez fora de hora) e sentimento. Não dá para banalizar essa história.

Como saber até onde ir?

A dica é: a gente deve ir apenas até onde se sente preparada para isso. E realmente a fim. Não vale topar fazer uma coisa ou outra só para agradar quem está ao lado. Ou para ceder à pressão de um grupo de amigos ou amigas, por exemplo. O que pode ser muito bacana para uns, também pode ser ruim para outros. Então, a palavra-chave é respeito: a si e aos seus limites; a quem está ao seu lado e aos limites dessa pessoa.

O que preciso saber sobre doenças?

O básico é: garotas e garotos precisam ficar atentos toda vez que alguma coisa doer, coçar ou incomodar nos genitais, além de checar se tem alguma verruga ou uma ferida, ou se aparecer um corrimento ou secreção com mau cheiro e cor estranha. Esses são apenas alguns sinais das doenças sexualmente transmissíveis. Ao se deparar com algum deles, é importante procurar o médico para examinar e tratar o que está acontecendo.

Como se pega Aids?

Em geral, as situações que trazem o risco de pegar o vírus da aids são: fazer sexo oral, sexo vaginal ou sexo anal sem camisinha; compartilhar agulhas e seringas contaminadas; e receber transfusão de sangue infectado. No entanto, não se pega a Aids das seguintes maneiras: com beijo, toque, abraço e aperto de mão; ou ao compartilhar toalhas, talheres, pratos; ou por suor e lágrimas; nem ao manter o afeto, o carinho e a atenção.

O que é a pílula do dia seguinte?

É uma pílula indicada para situações de emergência, quando ocorrer relação sexual sem proteção. Ou seja, sem camisinha ou outro método para evitar a gravidez. Detalhe importante: pílula do dia seguinte não é para ficar tomando todo mês nem toda hora. Tem muita garota fazendo isso, só que é erro. Assim pode fazer mal ao organismo, pois é uma grande dosagem hormonal. Vale só para uma emergência mesmo. Para evitar a gravidez o tempo todo, os médicos recomendam geralmente a pílula de uso contínuo aliada à camisinha.

Não beijei na boca ainda, tem algo de errado comigo?

Pare de se preocupar com essa bobagem. Cada pessoa tem um ritmo próprio. O melhor é respeitar o seu ritmo e deixar as coisas acontecerem naturalmente com você.

Essas são algumas das perguntas desse universo pré-adolescente, com algumas sugestões de respostas. Minha ideia aqui não é esgotar o assunto, que é amplo o suficiente para render uma infinidade de páginas. Mas apenas sinalizar caminhos para professores e pais lidarem com a educação sexual ao longo da vida e, nesta lição, mais especificamente na pré-adolescência.

Para avançar nas reflexões

Além de temas como esses que acabamos de observar, mais alguns assuntos polêmicos também precisam ser discutidos. Aqui cabe mais uma olhada no que os Parâmetros Curriculares Nacionais trazem de informações. Vejamos:

• A partir da puberdade, os alunos também já trazem questões mais polêmicas sobre sexualidade e já apresentam necessidade e melhores condições para refletir sobre temáticas como aborto, virgindade, homossexualidade, pornografia, prostituição e outras.

• Um tema como o aborto, por exemplo, implica discussões progressivas sobre o que é, como acontece, como e por que é feito, que sentimentos pode envolver, que relação guarda com a contracepção (já que não pode ser encarado como método anticoncepcional) até chegar a questões políticas e sociais. O direito da mulher sobre seu corpo, os problemas de saúde pública decorrentes de sua prática clandestina no Brasil, assim como os posicionamentos que defendem o direito à vida do feto e a legislação brasileira e internacional sobre o assunto, devem ser objeto de análise.

Mas em que momento abordar essa ou aquela questão? Não há uma regra. Cada escola e cada casa precisará fazer isso à sua maneira. O que não podemos fazer é nos omitir e deixar de trazer conteúdos como esses que traçamos aqui. E outros mais que se façam necessários ao longo do período de desenvolvimento dos filhos e dos alunos.

Dicas para os adultos

Para finalizar esta lição, cabem algumas sugestões aos adultos. Como quanto à necessidade de privacidade: o jovem e a jovem na pré-adolescência estão em um novo momento de descoberta do corpo, que está deixando de ser infantil. Com o empurrão hormonal, emergem não só as mudanças corporais, bem como transformações no modo de pensar e de agir. E nasce também o desejo de experimentar esse novo corpo na busca do prazer. A masturbação, portanto, aparece com tudo nesse período: é quando, por exemplo, os meninos ficam horas trancados no quarto ou no banheiro. Já as meninas costumam ser mais discretas. De qualquer forma, deixá-los em paz para viver essas descobertas é a atitude mais saudável e recomendada.

Outro ponto importante se refere ao corpo em transformação. Muitos jovens sentem-se envergonhados com as mudanças que surgem nesta fase. Ficar comentando: "Ela já é mocinha" ou "Ele já tem muito mais do que pelos lá embaixo" pode causar ainda mais constrangimento. Por mais que os pais queiram comemorar essas transformações do processo de amadurecimento, é importante olhar sob o ponto de vista do pré-adolescente, que muitas vezes prefere se esconder ou até mesmo sumir da vista de todos, pelo menos até assimilar o que lhe está ocorrendo, do que se ver nesse delicado momento como o centro de comentários e atenções.

LIÇÃO 7

Educar de 15 a 17 anos
A iniciação sexual no mundo jovem

São infinitos os conteúdos para esta lição sobre a educação sexual do adolescente. É nesta fase que os filhos ou os alunos estarão aptos a fazer reflexões cada vez mais amplas e profundas. Por onde começar nossa conversa aqui neste livro? Talvez por algo fundamental para que os pais, e que os professores também, prossigam de forma a orientar o jovem para a vida como um todo. Quem nos alerta sobre isso é o fundador da Psicologia Analítica, C. G. Jung:

"O adolescente está destinado para o mundo, e não para continuar a ser sempre apenas filho de seus pais. Lamentavelmente há muitíssimos pais que persistem em considerar os filhos sempre como crianças, porque eles próprios não querem nem envelhecer, nem renunciar à autoridade e ao poder de pais. Agindo deste modo, exercem sobre os filhos influência altamente desastrosa por tirar-lhes todas as ocasiões de assumirem responsabilidade individual."

Sim, adolescência é fase de assumir responsabilidades. Em especial em relação ao próprio corpo e à vivência da sexualidade. Costumo sempre dizer aos jovens durante as palestras que faço para eles, assim como por meio dos livros e colunas que escrevo, de entrevistas e programas de TV que participo, entre outras ações, que: sexo é uma prática do mundo adulto. Na adolescência, no entanto, as primeiras experiências costumam acontecer. Mas para que sejam saudáveis tanto fisicamente como emocionalmente, vão requerer maturidade. Desde a primeira vez.

Dito isso, podemos tratar de conteúdos específicos dessa fase de iniciação sexual. Vamos daqui a pouco a eles. Antes precisamos entender um pouco mais sobre o momento em que o jovem se encontra e seu universo como um todo.

Os dilemas do mundo jovem

O que será que passa pela cabeça do adolescente? Diversas coisas! Mas certamente quatro grandes dilemas chamam a atenção. São eles:

• O dilema existencial – Qual o sentido da minha vida? Quem eu sou hoje? O que eu quero ser daqui para frente? Com quem me identifico? Por que o mundo é dessa forma? Quem está certo? Quem está errado? Essas e outras questões que martelam a cabeça e, muitas vezes, deixam uma sensação incômoda de vazio e de angústia no jovem. Mesmo que ele não comente. Ou que pareça que não está nem aí com nada. Ou aja de forma rebelde. Ou outra coisa qualquer. É na adolescência que vão emergir os enfrentamentos entre o jovem e os adultos ao redor (pais, professores etc.), como forma de ganhar autonomia e se diferenciar no mundo. Ao mesmo tempo, o adolescente começa a buscar seu grupo de iguais. Muitas vezes, surgem as tribos: dos estudiosos, dos atletas, dos que gostam de determinado tipo de música etc. Andar em bando vira um estilo de vida natural e necessário ao seu amadurecimento. O dilema existencial exige, portanto, um olhar cuidadoso e acolhedor por parte da escola e da casa, para poder ajudar o jovem a superá-lo.

• O dilema sexual – De quem eu gosto? Por quem eu sinto

desejo? Por garotos ou garotas? Ou por ambos? Será que chegou o meu momento de ter a primeira vez? Ou já passou da hora? Como eu faço isso? Com quem? Como é que eu evito, de verdade, a gravidez? E as doenças? Uso ou não uso a camisinha? Como será que usa? Onde posso guardar? E se meus pais acharem? Conto ou não conto as coisas para eles? E se não der nada certo? E se engravidar? E se eu pegar aids? Será mesmo que eu pego? Até onde eu posso ir? Posso transar na balada? E no namoro? Será que eu vou agradar? Será que vão gostar de mim? Será que vão descobrir sobre a minha virgindade? E agora, vão descobrir que já transei? Essas e outras questões fazem parte do universo do adolescente. E, se olharmos para a nossa própria vida, perguntas desse tipo muito provavelmente fizeram parte de alguma forma dos nossos questionamentos quando bem jovens. O dilema sexual é, portanto, um dos grandes pontos que angustiam e preocupam o universo adolescente. E que merece, certamente, orientação e atenção especial.

• O dilema profissional – Qual profissão eu vou ter? Para que tenho talento? Do que eu gosto? Com o que gostaria de trabalhar? O que vai me dar prazer? O que vai me dar dinheiro? O que vai me dar reconhecimento? O que os meus pais vão pensar disso que eu escolher? Será que vão gostar? Será que eu vou conseguir entrar na faculdade? Que faculdade escolher? Será que eu vou conseguir um emprego? Que trabalho eu posso ter? Será que vão gostar de mim? E se eu não for bom o suficiente? O jovem vive esse dilema profissional independentemente da classe social e da possibilidade ou não de dar prosseguimento aos estudos em uma universidade ou em outros cursos. Escolher o que será do seu futuro nessa área costuma ser uma tarefa complicada: algo bem difícil para quem, até pouco tempo, se divertia com brinquedos da infância, ou se aventurava nos primeiros beijos da pré-adolescência. Vale lembrar que as opções de carreira na atualidade são múltiplas, o que aumenta a dificuldade de escolha. Além disso, a competitividade de hoje também é infinita. O jovem sabe disso e se assusta com o futuro que está para encarar. Esse dilema profissional requer respeito e espaço para reflexão, em casa e na escola.

• O dilema tóxico – Usar ou não drogas? Posso só experimentar? Ou não? E fumar? E beber? Será que devo? Quanto será que aguento? E fumar? Será que consigo? Como fazer? Escondido ou na frente de todo mundo? De que jeito? O que os meus pais vão dizer se souberem? E na escola, o que será que acontece comigo se me pegarem fazendo isso? Onde eu guardo o cigarro? Ou a bebida? Ou a droga? Será que todo mundo usa? Será que eu já sou adulto o suficiente para fazer essas coisas? Quando o assunto é uso de álcool, drogas e também o cigarro, as questões são das mais variadas na cabeça dos jovens. Muitas vezes, o uso dessas substâncias entra como forma de aliviar a tensão que lidar com todos os dilemas que falamos aqui (existencial, sexual e profissional) costuma trazer. No entanto, são infinitos os motivos que levam um jovem a fumar, beber ou se drogar. E para cada jovem há um conjunto único de motivos. Afinal, somos todos únicos, com um jeito próprio de ser. Esse dilema exige um olhar atendo do adulto, em casa e na escola. Além de atitudes imediatas a fim de prevenir e interromper vícios. A ajuda aqui talvez tenha que vir de equipe multidisciplinar, para lidar com cada questão de acordo como se apresenta. Um jovem já usuário frequente de drogas, por exemplo, talvez precise de ajuda de psicólogo, médico psiquiatra e outros profissionais para lidar com o que se passa com ele. A casa e a escola precisam, portanto, ter olhos bem abertos (e atitudes bem certeiras) para a prevenção e o manejo dessa questão tão complexa que é o dilema tóxico.

Felizmente, não só de angústias e de dilemas vivem os jovens. Há também muitos prazeres, descobertas e divertimentos. A curiosidade sobre tudo o que é relativo à sexualidade entra nessa lista.

O que saber sobre sexo

O que o jovem quer e precisa saber sobre sexo e sexualidade? Nas ações que faço com jovens pelo Brasil afora, observo que há três grandes eixos ou focos de interesse. E que precisam ser trabalhados pela escola e pela família. São eles:

1) a gravidez fora de hora, como evitar e lidar;

2) as doenças sexualmente transmissíveis, como evitar e lidar; e

3) a prática do sexo em si, o afeto e o prazer, o que inclui as questões sobre diversidade.

Esses são os três eixos que costumo trabalhar não só com o universo jovem, mas também com o mundo adulto: com os professores, os pais, os casais, as mulheres, os homens, as pessoas na fase adulta jovem, na fase adulta madura ou na terceira idade. Como assim? Acontece que o adulto de hoje muito provavelmente não teve aulas de educação sexual na sua infância ou adolescência, como já dissemos em páginas anteriores. Então, é importante abordar esses conteúdos, para uma vida sexual mais saudável, mais responsável e mais prazerosa em todas as idades. E também para que possam oferecer educação sexual de qualidade à criança, ao pré-adolescente e ao adolescente.

Mas voltemos o olhar ao mundo jovem e às suas questões. Segue agora uma lista de histórias e respostas que podem ajudar na educação sexual desta fase. Elas foram selecionadas e extraídas das colunas "Sexo Sem Neuras", que publico desde 2006 no portal iG, no site iGirl, destinado prioritariamente ao mundo jovem feminino, mas com abertura para as dúvidas masculinas.

A vontade de falar e saber

"Tenho 16 anos e adoro falar sobre sexo, mas meus pais não gostam muito e muitas vezes as pessoas pensam mal de mim por ter tanto interesse no assunto. Até gostaria de ser sexóloga ou algo do tipo, só não sei o que devo fazer para seguir essa carreira. Mas a minha dúvida de hoje é: já me disseram que meninas novas e baixinhas, quando transam, ficam com o bumbum mole e esquisito, é verdade?".

Na adolescência, o corpo muda mesmo, com ou sem sexo. Isso tem a ver com os hormônios: nessa época, tanto as meninas como os meninos estão vivendo gigantescas mudanças hormonais, que vão transformar o corpo da infância em um corpo adulto. Ou seja, é mito a história de que vai cair o bumbum e ficar mole por causa de sexo, ou que vão ocorrer quaisquer outras mudanças do tipo após as primeiras vezes. Isso tudo é bobagem.

É também nesta fase da adolescência que a gente vive o empurrão hormonal e emocional para pensar muito em sexo. E querer falar sobre o assunto é natural. Há quem se interesse mais e quem se interesse menos pelo tema. Tanto a vontade de saber sobre sexo, como de fazer, faz parte desse período de vida.

Pode parecer difícil mesmo conversar sobre sexualidade em casa, na escola ou em qualquer outro lugar. Por mais abertas que as coisas estejam hoje, esse ainda é um tema tabu. E há muito preconceito e ideia equivocada, como essa de ficar mal falada pelos outros só por se interessar pelo assunto. Vale a pena buscar as informações que precisa em lugares bacanas, como em textos como esse, na escola, em livros, palestras etc. Outra dica: vale mais conversar sobre sexo apenas com quem, de fato, for especial o suficiente para você bater um papo tão íntimo e complexo como esse.

Penetração que dói e risco de engravidar

"Estou com 16 anos e tenho um namorado de 17. Nós temos muita intimidade e já tentamos várias vezes fazer sexo. Só que dói demais e eu acabo falando pra ele parar. Eu queria saber como faz para não sentir tanta dor assim. E se, mesmo não conseguindo a penetração, o pouco que sai de esperma antes da ejaculação tem chance de me engravidar".

Tem sim risco de engravidar, mesmo que a penetração não se dê por completo. E esse líquido que sai do pênis, mesmo antes de ejacular, já pode conter espermatozoides. A solução para evitar isso é bem simples: basta usar camisinha. Aí, estarão livres das doenças sexualmente transmissíveis e também prevenidos contra a gravidez fora de hora. Mas para ficar mais tranquila ainda, vale uma visita ao médico ginecologista, que costuma recomendar o uso de pílula anticoncepcional, além de camisinha. Assim é possível ficar bem protegida contra gravidez e também doenças.

Doer pode ter a ver com questões emocionais e físicas. As causas físicas a gente avalia no consultório do ginecologista: pode ser que alguma infecção, irritação ou outra dificuldade esteja atrapalhando a penetração e o prazer. E as emocionais? Aí é o caso de verificar com o psicólogo: pode ser que você não esteja se sentindo à vontade o suficiente para relaxar e permitir de fato que a penetração ocorra. Então, contrai involuntariamente (ou seja, sem querer) a musculatura da vagina. E a penetração causa um incômodo ou dor. Essas são algumas das possíveis causas.

A pílula, o médico, a mãe etc.

"Tenho 17 anos e namoro faz nove meses. Depois de muita conversa, decidi perder minha virgindade. Mas tenho algumas dúvidas e quero me prevenir além da camisinha. Há um tipo de pílula específica para cada menina? E ela pode fazer com que meu corpo mude? Onde moro é muito complicado consultas com ginecologista e não estou preparada para conversar com minha mãe. Estou com medo de me prevenir sozinha e virar algum problema. Outra coisa: gostaria de saber quanto tempo antes de ter minha primeira relação sexual eu tenho que começar a tomar a pílula. E sobre os métodos injetáveis: são eficazes ou não?"

Há muitas dúvidas aqui. Vamos por partes: quem define qual a pílula melhor para o seu caso é o médico ginecologista. Existem várias marcas nas prateleiras das farmácias, mas é um erro chegar lá e pedir qualquer uma. Ou seguir a sugestão de uma amiga ou de outra pessoa. É necessário sim ir ao médico e ver isso com ele. Há pílulas com baixa dosagem hormonal e elas são as mais indicadas para adolescentes. Mas o especialista terá de examinar e acompanhar com cada paciente o uso dessa pílula.

Cada pessoa reage de um jeito ao uso de anticoncepcionais. Vinte por cento das mulheres se queixa de inchaço e ganho de peso. Ou seja, isso não acontece com todo mundo. Cada caso é um caso. E se ocorrer alguma reação não desejada? Esse é mais um motivo para usar pílula com orientação médica: vale voltar ao ginecologista para tentar outra marca, ou outro método para evitar a gravidez.

Não é porque a garota não se sente preparada para conversar com a mãe que possa deixar a prevenção de lado. E também não quer dizer que tenha de se virar sem um médico. Se vire, sim, mas marcando uma consulta e sendo madura para seguir as recomendações do profissional. Para quem planeja transar, é importante aprender a se prevenir antes. Desde a primeira vez a garota já corre o risco de engravidar. No primeiro mês de uso da pílula, os médicos costumam recomendar o uso de camisinha aliado a ela. Essa é a dupla infalível contra a gravidez e para evitar as DST (doenças sexualmente transmissíveis) que existem por aí.

O método anticoncepcional é encontrado em diversas formas e as mais comuns são: a injeção (uma por mês, ou por trimestre) e a pílula de uso diário (toma-se uma todo dia e faz-se uma pausa de alguns dias entre uma cartela e outra). Mas há também em adesivo para colocar sobre a pele, no DIU (dispositivo intrauterino), em anéis vaginais etc. Tudo isso é seguro e eficaz. Qual o melhor para cada garota? Quem decidirá isso é o seu médico ginecologista.

Uma gravidez na adolescência

"Tenho 15 anos e há um ano meu namorado terminou comigo para ficar com outra garota, mas durante todo esse tempo eu continuei com ele. Minha menstruação atrasou, fiz o exame e descobri que estou grávida. Até então meu namorado pensava ser estéril, pois nunca tinha conseguido engravidar alguém. Mas o que está me dando mais medo é que há uns tempos eu tive brincadeiras sexuais com outro garoto, ele não colocou o pênis na vagina, mas colocou na minha virilha e eu não sei se posso estar grávida por isso".

Que história complexa! E que história é essa de que um garoto não consegue engravidar ninguém? Ele foi diagnosticado por médicos como tendo essa dificuldade mesmo? Ou era coisa da cabeça dele? Seja o que for, é importante toda menina saber do seguinte: cada pessoa tem a responsabilidade de cuidar do próprio corpo, o que inclui procurar um médico ginecologista e decidir com ele um método para evitar a gravidez. Ou seja: a garota precisa tomar a frente nesse cuidado com a vida dela.

Quanto às brincadeiras com o outro garoto, se o menino ejacular bem próximo da entrada da vagina é possível que a garota engravide, sim. É bem raro, mas pode ocorrer de o esperma entrar no canal vaginal e, com isso, promover a gravidez. De qualquer forma, o próximo passo inevitável é ir ao médico ginecologista para ver como anda a gravidez e também sua própria saúde. Com o médico, será possível tentar definir de quanto tempo é essa gravidez, para identificar com quem estava namorando no período. Esse é um primeiro caminho.

Gravidez na adolescência não é nada fácil, mas não adianta desesperar. É importante procurar uma pessoa adulta de confiança para se abrir com ela e buscar ajuda nesse momento. Pode ser alguém em casa, na escola, onde preferir. Mas precisa ser adulto, para encontrar um apoio mais amadurecido. Claro que conversar com as amigas também é muito bom e saudável, mas o momento agora exige uma diferenciada tomada de consciência e de responsabilidade. Algo que o adulto estará mais apto a lhe ajudar a fazer.

Com medo da masturbação

"Tenho 15 anos e recentemente percebi que sempre que me masturbo não consigo ir até o fim. Quer dizer, quando começo a sentir algum prazer, eu tenho que parar. Em uma das vezes que continuei, senti uma enorme vontade de urinar. Isso é normal? Se não, o que devo fazer?".

Vou começar a responder essa questão pela vontade de fazer xixi porque é uma das coisas mais simples a resolver nesse caso. Quando dá vontade de verdade, é porque a bexiga está cheia. Então, é só ir ao banheiro e pronto. Resolvido. E se não for vontade de fazer xixi, mas sim uma sensação parecida? Aos poucos e com atitudes simples como essa é que a pessoa vai se percebendo melhor.

E se a vontade aparecer de novo quando está quase no orgasmo, mesmo tendo esvaziado a bexiga antes? Faça um teste: vá ao banheiro de novo e veja se quer mesmo fazer xixi. Se não sair nada, aí é preciso investigar o que pode estar dando tanto medo de chegar até o final. E trazendo a sensação do xixi para que pare tudo. O que será?

Muitas vezes, a gente se sente fazendo algo errado ou sujo quando toca o próprio corpo. Isso tem a ver com a história da sexualidade humana e os séculos de repressão sexual pelo qual passamos. Hoje, ainda há muita gente que relaciona o prazer sexual a ideias negativas e preconceituosas. Na verdade, tocar o próprio corpo a fim de sentir prazer é uma prática positiva e saudável.

Vale então investigar como se sente em relação à masturbação e ao orgasmo. Dá medo de que? Surge algum pensamento negativo? Mudar o olhar talvez seja o primeiro passo para se permitir viver esse prazer sem medo.

Mais uma coisa: como anda sua saúde sexual? Já foi ao médico verificar isso? Será que pode ter alguma infecção que você não sabe? A dica aqui é: marque uma consulta para fazer exames e tratamentos necessários. O médico que examina a saúde sexual das meninas e mulheres é o ginecologista. E para os meninos e homens, é o médico urologista.

Sem conseguir a ejaculação

"Por duas vezes, não consegui ter ejaculação. Acho que nem ereção. Nossos momentos foram longos de prazer e tal, mas fiquei preocupado de não ter sido bom por conta disso. Só praticamos sexo umas três vezes, sendo que, nas últimas

duas, não rolou direito. Não sei muito lidar com a situação".

Manter a calma é a primeira coisa a dizer a quem vive uma situação dessas. Não adianta ficar em pânico, procurando quem e onde errou, acertou etc. Isso pode acontecer com qualquer pessoa, qualquer casal. Ter ereção e atingir o orgasmo envolve uma série de fatores além do prazer sexual em si. Um deles: estar o mais tranquilo possível. Toda a ansiedade que essas primeiras vezes envolve pode fazer com que seja complicado mesmo sentir prazer. Tanto para garotos, como para garotas.

A gente não nasce sabendo tudo sobre sexo, muito menos como atingir o clímax. Cada casal precisará ir se conhecendo para descobrir as maneiras de chegar lá durante a relação. Só que isso tem de ser feito aos poucos, sem cobranças nem preocupações excessivas. Curtir o momento, de forma descontraída, pode ser uma grande dica.

De quem é a falha? Não há "erro" de nenhum dos dois nessa história. Vocês estão se conhecendo, a si mesmos e um ao outro. Aos poucos, e se não encanarem demais, vão conseguir ficar mais à vontade com o corpo e o prazer.

Não se preocupar demais é a dica básica. A perda de ereção pode ocorrer com qualquer um, e não necessariamente porque a relação não esteja boa. O que deve ter ocorrido é que houve muita ansiedade em jogo. Procurar ficar tranquilo é, portanto, o melhor caminho.

Ter e manter a ereção

"Namorei durante um ano e dois meses. Algumas vezes ficava com o pênis ereto, mas na hora da penetração, perdia tudo. Acabamos terminando e recentemente tivemos uma recaída. Tentamos transar em pé, e fiquei sem ereção de novo. Por que isso ocorreu?".

Isso tem mais a ver com o nível de ansiedade do garoto. Casos em que há algum problema no mecanismo orgânico da ereção costumam ocorrer apenas com homens adultos e de mais idade. Entre os jovens, a dificuldade para ter ou manter a ereção se relaciona basicamente a questões emocionais: quanto mais ansioso o jovem estiver, pior. Ao ficar muito tenso e nervoso, o corpo joga uma dose alta de adrenalina no sangue, e isso faz com que o pênis fique flácido.

A preocupação com o próprio desempenho é algo que por si só já traz uma ansiedade danada. Inquietações como "Será que eu vou agradar a ela?" "Será que vou conseguir manter a ereção?" "Será que vou ejacular muito rápido?" "Será que alguém vai flagrar a gente?" "Será que ela vai engravidar?" "Será que vou pegar doença?" "Será que vai dar tudo certo com a camisinha?", entre outras, podem deixar o garoto bem mais ansioso do que ele imagina. E isso pode afetar a ereção.

Pode ser que tenha ficado preocupado com o desempenho nesse encontro de recaída que tiveram. E assim a ereção vai embora. A principal dica para qualquer garoto que viva algo do tipo é entender que todo mundo pode falhar no sexo ou em qualquer outra área da vida. Afinal, somos humanos. E ser humano é cheio de falhas. Entender isso já é um grande passo. Outro é não se exigir tanto na hora. Assim fica mais prazeroso e a ereção se mantém.

E se estiver bem difícil lidar com essa ou com qualquer outra questão sexual, uma dica é procurar um psicólogo para conversar um pouco mais sobre isso. Outra visita importante é ao médico urologista: esse é o especialista que verificará se está tudo bem com a parte física de sua saúde sexual.

Mais: usar camisinha contra as doenças sexualmente transmissíveis, aliada a um método para evitar a gravidez, como a pílula, deixa o casal mais despreocupado para se relacionar sem riscos. E isso faz muito bem não só à saúde, mas também ao prazer.

Ejaculação rápida demais

"Tenho 17 anos e gozo muito rápido. Isso é muito chato, chego até a perder a vontade de fazer sexo. Não sei o que fazer. E agora?".

Essa coisa de ir muito rápido e logo ejacular é algo que ocorre com grande parte dos jovens, e com uma parcela de adultos também. Em geral, tem a ver com a ansiedade: quanto mais tenso e ansioso o garoto fica, mais rapidamente ele ejacula.

Vários fatores, como a falta de tempo e de lugar tranquilo para fazer sexo, entre outras coisas que aceleram a vida e deixam qualquer pessoa bem tensa, podem trazer dificuldades no controle à ejaculação.

Uma sugestão é procurar ficar o mais tranquilo possível na hora do sexo. É natural sentir altas doses de ansiedade nessa fase de iniciação sexual. Vale a pena buscar jeitos para relaxar e ficar cada vez mais confortável a dois. Outra dica é tentar perceber melhor como seu corpo funciona, o que pode ser feito durante a masturbação: quando estiver chegando perto do orgasmo, tente perceber esse ponto. Esse é passo inicial para aprender a controlar a ejaculação.

Virgindade e desejos

"Sou virgem, me sinto bem nova, mas gosto de um garoto e queria surpreendê-lo transando com ele. Mas tenho medo de engravidar e principalmente de pegar uma DST. Estou muito preocupada e aguardo um conselho".

Muita calma nessa hora. Não há uma idade que valha para todo mundo começar a fazer sexo. Em geral, essa hora certa é quando a pessoa se sente amadurecida e preparada de fato para dar esse passo tão importante na vida, que é a primeira experiência sexual. Estar amadurecida e preparada significa que saber lá no fundo coisas do tipo: Quero mesmo? Dou conta de lidar com tudo o que o sexo envolve? Estou segura para isso?

É também quando você:

1) aprendeu a usar camisinha e sabe que terá de fazer isso desde a primeira vez, em todas as práticas sexuais (sexo oral, anal e penetração vaginal);

2) decidiu com o médico ginecologista um método para evitar a gravidez fora de hora, como a pílula, e já começou a usá-lo; e

3) escolheu uma pessoa bem especial para viver essa tão importante fase de iniciação.

É natural ter medos, dúvidas e preocupações em qualquer fase da vida. Para ficar segura, vale respeitar o seu tempo. Afinal, pressa pra quê? A gente tem a vida inteira para viver as experiências. O melhor é que ocorram no tempo certo, sem antecipações.

Sexo oral e preservativo

"Eu e meu namorado somos virgens. Já fiz sexo oral nele algumas vezes e nada aconteceu comigo. Posso continuar fazendo sexo oral sem camisinha, ou ainda há uma possibilidade de ele ter alguma DST?".

Teoricamente, se ninguém nunca teve contato com as doenças sexualmente transmissíveis, significa que não há nada disso a transmitir um para o outro, o que dispensaria o uso da camisinha. No entanto, as doenças sexualmente transmissíveis não são transmitidas só pelo sexo.

Como a Aids, por exemplo: entre as formas de transmissão dessa doença, está o contato com o sangue contaminado, seja por via sexual ou outra qualquer. Então, o mais indicado seria vocês usarem camisinha, sim, no sexo oral e em qualquer outra prática sexual. O casal só não precisa usar preservativo durante a masturbação.

Além disso, mesmo que o rapaz e a garota nunca tenham feito sexo com penetração vaginal, contatos sexuais como roçar o pênis na vagina podem transmitir doenças. Como o HPV (Papiloma Vírus Humano): essa é uma das doenças que podem estar presentes no nosso corpo e a gente nem perceber isso.

Em geral, o HPV provoca verrugas na região genital e até mesmo na garganta, fruto do sexo oral sem proteção. Mas também pode causar lesões muito pequenas, que não são visíveis a olho nu. Ou seja: não é porque a gente não está vendo nada no corpo que as doenças sumiram do mapa. Elas podem estar por aí sim, meio que "escondidas". Uma boa notícia é que há vacina contra HPV para jovens que nunca tiveram o contato com esse vírus. Vale, então, ambos procurarem um médico.

Para saber ao certo se estamos livres de doenças naquele momento, só mesmo marcando uma consulta com o médico ginecologista (que atende as meninas) ou o urologista (para os meninos) a fim de fazer os exames necessários. A partir daí uma questão muito comum que surge é: Podemos, depois dos exames, abolir a camisinha? A dica continua sendo a seguinte: o ideal é usá-la sempre, para evitar futuras possíveis contaminações.

O uso apenas da camisinha

"Namoro há dois anos e nunca fizemos sexo. Mas sinto que está bem próximo de acontecer e gostaria de saber se sexo apenas com camisinha, mas sem pílula anticoncepcional, pode trazer uma gravidez não desejada".

A camisinha é um excelente método para evitar as doenças sexualmente transmissíveis e foi criada exatamente para isso. Para o caso de evitar a gravidez, o preservativo é considerado um método de barreira: isso quer dizer que ele impede que os espermatozoides circulem pela região genital feminina em busca do óvulo a ser fecundado. Mas, se a camisinha se rompe, ou se escapa dentro da vagina, essa barreira acaba. E há risco de gravidez.

E quanto à pílula, a injeção, o adesivo, o dispositivo de colocar sob a pele, ou qualquer outro método do tipo que envolva anticoncepcionais, ou seja, que atuem na parte hormonal do nosso corpo? Esses são os mais seguros para evitar a gravidez fora de hora.

A dica é ir ao médico ginecologista e escolher um ele um método que combine com seu estilo de vida. Lembrando que camisinha aliada à pílula compõe a dupla infalível para evitar a gravidez fora de hora, segundo os médicos, além de prevenir contra as doenças sexualmente transmissíveis. Vale apostar nessa ideia.

A vagina e seu aspecto

"Andei percebendo que meus lábios vaginais menores são grandes demais e agora eles aparecem muito, e eu morro de vergonha, pois estou namorando há algum tempo e fico com medo que ele não goste ou sinta nojo de mim. Tenho certeza de que isso é só comigo, e que minhas amigas não têm esse problema".

Que história é essa de concluir que as amigas têm a vagina sem problemas e que a sua não é normal? Para saber se há algo de errado com a região dos genitais, o especialista indicado é o médico ginecologista. Já foi alguma vez se consultar? Se não, está na hora de ir. O médico muito provavelmente dirá que não há nada de errado com o aspecto dos lábios vaginais. Cada pessoa é de um jeito e não dá para ficar se comparando ou querendo ser como as amigas.

Na hora do sexo, vale saber que quando a garota se excita, a vagina se alarga naturalmente, além de se aprofundar e se lubrificar para receber o pênis com prazer em vez de dor. Além disso, toda a região vaginal fica mais inchada, o que é uma reação natural do corpo feminino em decorrência da estimulação sexual. Depois do sexo, tudo volta ao estado de antes.

O namorado não vai sentir nojo ou não gostar de garota apenas por causa da aparência dos lábios vaginais. Pensar que isso ocorreria é uma grande bobagem. O encontro amoroso e sexual envolve muito mais do que o aspecto dos nossos genitais: tem a ver com o entrosamento do casal, a cumplicidade, o afeto, a capacidade de dar e de receber prazer e também o jeito de ambos serem como um todo.

O pênis e a fimose

"Tenho fimose e já falei disso com a minha mãe, mas ela ainda não foi comigo a uma consulta médica. Gostaria de saber como tratar desse assunto. Meu pai mora longe, e com ele poderia ser mais fácil. Realmente há algum problema em transar mesmo com fimose? O que a gente faz?".

Fimose é quando aquela pele que recobre a glande, que é a cabeça do pênis, está em excesso. Em alguns casos, chega até a estrangular a cabeça do pênis na hora da ereção, provocando dor. Essa pele chama prepúcio. O excesso dela é a fimose.

Será que dá para fazer sexo assim? Para algumas pessoas, é possível. Mas, em geral, isso costuma incomodar e trazer até dor. Aí não vale a pena. Melhor buscar tratamento. Para tratar, é feita uma cirurgia bastante simples para a retirada do excesso dessa pele. A recuperação é rápida. Quem examina e faz o tratamento é o médico urologista. Portanto, o primeiro passo é marcar essa consulta.

Quando a gente está com questões difíceis, é importante conversar com quem se sente mais confortável. No seu caso, o pai está longe. Mas será que não tem como conversar com ele nem pelo telefone? E a mãe? Será que não dá para retomar o assunto com ela? Ficar com a fimose incomodando é que não dá, não é mesmo? Então, vale a pena criar coragem e buscar a ajuda necessária.

Há também a possibilidade de ir a um posto de saúde e conversar com um médico clínico geral. Ou urologista. Você está se planejando para experimentar práticas sexuais, que são práticas do mundo adulto. Então é importante ter responsabilidade e maturidade para lidar com tudo o que isso envolve. Uma visita corajosa ao médico é um primeiro passo.

Dúvidas sobre homossexualidade

Para complementar as histórias que acabamos de observar, vamos a um tema que merece uma atenção especial, pois gera infinitas questões; a homossexualidade. Selecionei aqui algumas perguntas comuns que emergem na adolescência e suas possibilidades de resposta. Elas foram extraídas de outro livro meu, intitulado "500 Perguntas Sobre Sexo do Adolescente":

Beijei minha melhor amiga na boca! Virei lésbica?

Vamos pensar com calma: a adolescência é um período em que meninas e meninos estão descobrindo uma série de coisas a respeito do próprio corpo e da sexualidade. E é comum nessa fase a pessoa sentir vontade de experimentar algo com alguém do mesmo sexo. Não vai ser por você ter beijado a amiga que será homossexual. Isso tem a ver com um desejo sexual mais constante por pessoa do mesmo sexo, e só o tempo vai lhe dizer isso. Vale lembrar que a homossexualidade não é uma doença: trata-se apenas de uma maneira de viver a sexualidade.

Sonhei que transei com uma colega da escola. Sou gay?

Por qual motivo? Só porque teve um sonho? Não tem nada a ver achar que está virando gay só por causa disso. A gente pode sonhar várias coisas e o significado disso tudo vai variar imensamente.

Está na moda menina beijar menina. Será que devo?

Fazer uma coisa só porque está na moda é péssimo. Você quer? Você sente essa vontade? Se sim, aí tudo bem. Ou seja, a resposta está em você. Faça uma consulta a si mesma antes de tudo.

Tudo bem ter tido uma experiência homossexual, ou duas? Posso ter só experimentado?

Pode sim. Às vezes é só uma experimentação e nada mais.

Mas às vezes pode ser que a pessoa sente mesmo desejo por outra do mesmo sexo. E se for esse o caso, saiba que não tem nada de errado. É algo natural.

Em que momento a gente sabe ao certo se é gay?

Não tem exatamente uma hora certa. Cada pessoa é que terá de ir observando como se sente em relação às pessoas do mesmo sexo ou às pessoas do sexo oposto. Quem pode esclarecer essa questão é, portanto, você mesmo. Mas não precisa ficar se cobrando uma resposta imediata. Tenha paciência consigo.

Como falo com os meus colegas sobre essas coisas?

Do jeito que você quiser e se sentir mais confortável. E apenas se você realmente quiser expor isso a alguém. Afinal, ninguém precisa sair contando por aí sobre suas intimidades sexuais, não é mesmo? Se você decidiu contar aos amigos, aja com naturalidade. Afinal, ser homossexual não tem nada de errado ou fora do normal.

Sou gay, mas tenho vergonha disso. Faço o quê?

Muita gente tem vergonha como você. Mas será que precisa mesmo ter? Claro que essa é uma situação complexa: muitas vezes a pessoa se sente diferente, rejeitada, criticada, observada demais etc. Essa história de ter vergonha de si perde a intensidade se você se olhar com olhos mais saudáveis e positivos.

Minha religião não aceita gays. O que eu faço?

Difícil opinar nesta questão. O que você quer fazer? Como você se sente? No que acredita? Lançar questões desse tipo para você é o que me parece mais adequado para que comece a encontrar as suas próprias respostas. Há várias formas de enxergar e viver as religiões. Qual o melhor para você? Só mesmo você pode descobrir.

Conto ou não conto para os meus pais?

Essa é uma questão difícil. Só você pode saber quando, como e com quem você está com vontade de se abrir. Ou seja, para essa e para uma infinidade de questões, a resposta mais acertada estará dentro de você.

Será que eles vão aceitar que sou gay?

Esperamos que sim. Esperamos que os adultos da atualidade estejam mais abertos e preparados para lidar com questões como essas. No entanto, não dá para prever ao certo a reação dos pais ou de quem quer que seja. Homossexualidade, ainda hoje, é um tema polêmico, em casa, na rua, na escola, na mídia, em qualquer lugar. A gente não pode fingir que não existe preconceito por aí. Mas é possível encontrar caminhos saudáveis para lidar com essa situação. E se estiver com muita dificuldade nessa ou em qualquer outra área, busque ajuda. Um psicólogo ou um adulto de confiança em casa ou na escola podem cada qual a seu modo oferecer esse apoio.

Mais e mais informações

Observe que repito as informações de variadas formas e amplio as questões que os jovens trazem. Para que? Para ajudar a assimilar melhor: esclarecer de um jeito só, ou apenas uma vez, nem sempre basta frente à complexidade em que o assunto sexualidade está inserido. Uma boa ideia é fazer sempre essas retomadas e ampliações com os alunos e filhos. Utilizar os assuntos que aparecem na mídia e na sociedade como um todo pode ser um caminho interessante para promover essas reflexões.

E para finalizar nossa conversa nesta lição, vamos novamente saber o que os Parâmetros Curriculares nos dizem sobre temas a serem abordados no Ensino Médio. Ou seja, na adolescência:

• Sobre a prevenção às doenças:

Devido ao tempo de permanência dos jovens na escola e às oportunidades de trocas, convívio social e de relacionamentos amorosos, a escola constitui-se em local privilegiado para a abordagem da prevenção das doenças sexualmente transmissíveis e a Aids, não podendo se omitir diante da relevância dessas questões.

• Sobre os direitos sexuais e reprodutivos:

A orientação sexual na escola é um dos fatores que contribui para o conhecimento e a valorização dos direitos sexuais e reprodutivos. Estes dizem respeito à possibilidade de que homens e mulheres tomem decisões sobre sua fertilidade, saúde reprodutiva e criação de filhos, tendo acesso às informações e aos recursos necessários para suas decisões. Esse exercício depende da vigência de políticas públicas que atendam a estes direitos.

• Sobre a prevenção de questões graves:

O trabalho de orientação sexual também contribui para a prevenção de problemas graves, como o abuso sexual e a gravidez indesejada. Com relação à gravidez indesejada, o debate sobre a contracepção, o conhecimento sobre os métodos anticoncepcionais, sua disponibilidade e a reflexão sobre a própria sexualidade ampliam a percepção sobre os cuidados necessários quando se quer evitá-la. Para a prevenção do abuso sexual com crianças e jovens, trata-se de favorecer a apropriação do corpo, promovendo a consciência de que seu corpo lhes pertence e só deve ser tocado por outro com seu consentimento ou por razões de saúde e higiene. Isso contribui para o fortalecimento da autoestima, com a consequente inibição do submeter-se ao outro.

• Sobre questões polêmicas e o bem-estar:

Com a inclusão da orientação sexual nas escolas, a discussão de questões polêmicas e delicadas como masturbação, iniciação sexual, o "ficar" e o namoro, homossexualidade, aborto, disfunções sexuais, prostituição e pornografia, dentro de uma perspectiva democrática e pluralista, em muito contribui para o bem-estar das crianças, dos adolescentes e dos jovens na vivência de sua sexualidade atual e futura.

Ou seja, são infinitas as questões a serem abordadas na educação sexual. Procurei aqui traçar um panorama que contemplasse vários dos principais aspectos a abordar.

Mas a ideia não é esgotar o assunto. Isso é impossível de ser feito. Sempre surgirão dúvidas das mais diversas, e novas possibilidades de respostas.

LIÇÃO 8

A educação sexual do educador
O jeito de ser do adulto hoje

Esta será uma lição mais breve, mas não de menor importância. Deixei propositalmente a questão da diversidade para olharmos de forma mais ampla aqui. E para nos ajudar em uma reflexão importantíssima para a educação, que é o modo de ser de quem educa.

De acordo com inúmeros estudiosos, a educação do educador é o que mais conta na relação com o aluno. E não estou falando apenas dos conhecimentos que aprendemos de forma metodológica. Mas sim de valores, crenças e jeito de ser. Por exemplo, de acordo com C.G. Jung, o fundador da Psicologia Analítica, o bom exemplo é o melhor método de ensino. "Por mais perfeito que seja o método, de nada adiantará, se a pessoa que o executa não se encontrar acima dele em virtude do valor de sua personalidade", completa.

Isso vale especialmente na educação para tolerância à diversidade, que tomaremos aqui como exemplo. Mas podemos ampliar essa ideia para qualquer outra questão que se apresente em casa ou na escola.

Vamos lá: já dissemos em páginas anteriores que o ser humano pode ser homossexual, heterossexual ou bissexual. Isso tem a ver apenas com seu desejo sexual: se é destinado à pessoa do mesmo sexo, ou do outro sexo, ou de ambos os sexos. Não há nada de errado ou de doentio nisso. E não tem necessariamente a ver com as roupas que a pessoa costuma usar, as músicas que gosta de ouvir, o jeito mais feminino ou mais masculino de ser, nem nada desse tipo.

Será que o educador pensa assim? Ou não? Ao final de uma palestra, por exemplo, fui procurada por uma professora que queria saber se o fato de um aluno seu adolescente adorar as músicas da cantora Lady Gaga significa que ele é gay. A minha resposta? Claro que não: o gosto musical não tem necessariamente a ver com a quem se destina nosso desejo sexual.

Mas não é só a resposta que me interessa nessa questão que aponto aqui. É importante refletir um pouco sobre a própria pergunta feita. Qual o sentido de saber se o garoto é ou não gay? Para quê exatamente a gente precisa se "certificar" disso? Sabemos que é do ser humano gostar de fofocar, especular a vida alheia, espiar e outras coisas mais. Mas estamos falando aqui de sala de aula. Como será que deve ser nossa postura como educadores? O que fazer com a nossa curiosidade? Ou com o prazer de comentar a vida alheia no nosso grupo de iguais, como entre adultos como nós?

Claro que a preocupação pode ser quanto ao tratamento que o aluno recebe na sala de aula. Mas é para darmos aula diferenciada para quem é homossexual, ou heterossexual, ou bissexual? Obviamente que não.

Sei que milhões de explicações e justificativas podem surgir aqui. E estou justamente cutucando bastante este ponto por um motivo muito importante: a gente precisa ver e rever nossos conceitos e preconceitos para poder desempenhar a difícil tarefa de educar. E não me refiro agora apenas à educação sexual, mas sim à educação para a vida como um todo.

Aqui retomo a sugestão dos Parâmetros Curriculares Nacionais, que abordamos diversas vezes nesta obra. Segundo os PCNs, a escola deve se organizar ao longo dos anos para que os alunos concluam seus estudos sendo capazes de, entre outras coisas, "respeitar a diversidade de valores, crenças e comportamentos relativos à sexualidade, reconhecendo e respeitando as diferentes formas de atração sexual e o seu direito à expressão, garantida a dignidade do ser humano".

Cabe a nós educadores refletir sobre essas e outras questões em relação a nós mesmos, para poder manter de fato uma atitude de respeito ao trabalhar com a educação. Isso vale não só para professores e a equipe das escolas, mas também para os pais e a família. Na verdade, isso precisa valer para a sociedade como um todo.

Note que não estou falando aqui de um jeito único de pensar. Afinal, cada pessoa terá o próprio jeito de ser e de agir no mundo. Estou falando justamente de respeito a tudo isso: a essa diversidade, da qual fazemos parte. Talvez esse seja um dos maiores desafios para a educação de qualidade.

A fórmula secreta

Para finalizarmos esta nossa lição e fazermos um fechamento do caminho percorrido até aqui, é importante dizer que não há fórmula pronta para educar sexualmente a criança, o pré-adolescente e o adolescente, bem como a nós mesmos. Esse é um percurso de constantes descobertas, que nos acompanharão ao longo de toda a vida.

O assunto central deste livro é inesgotável. Sugiro que esta nossa conversa seja encarada apenas como um início, uma aproximação ao tema. Há muito ainda o que estudar, refletir, ampliar e vivenciar. Deixo uma bibliografia ao final deste livro para ajudar nesse processo. E fico aberta a comentários e sugestões para próximos escritos, bem como a solicitações de ações variadas em educação sexual para alunos, professores, pais e demais pessoas interessadas nesse assunto ainda tão tabu.

Despeço-me então de você neste momento como gosto de fazer em todos os meus livros: com um "Até breve!" ou "Até a próxima!". E espero verdadeiramente que estas linhas lhe sejam úteis na árdua e maravilhosa tarefa que é lidar com a educação sexual.

Laura Muller

BIBLIOGRAFIA

ABERASTURY, A. **A Criança e Seus Jogos.** Porto Alegre: Artes Médicas, 1992.

CHEVALIER, J. GHEERBRANT, A. **Dicionário de Símbolos.** Rio de Janeiro: José Olympio, 2008.

CUNHA, A.G. **Dicionário Etimológico Nova Fronteira da Língua Portuguesa.** Rio de Janeiro: Nova Fronteira, 1986.

GREGERSEN, E. **Práticas Sexuais.** São Paulo: Roca, 1983.

HOUAISS, A. VILLAR, M.S. **Dicionário Houaiss de Língua Portuguesa.** Rio de Janeiro: Objetiva, 2009.

JUNG, C.G. **O Desenvolvimento da Personalidade.** Petrópolis, RJ: Vozes, 2008.

JUNG, C.G. **O Homem e Seus Símbolos.** Rio de Janeiro: Nova Fronteira, 2002.

MULLER, L. **Altos Papos Sobre Sexo, Dos 12 aos 80 Anos.** São Paulo: Globo Livros, 2009.

MULLER, L. **500 Perguntas Sobre Sexo do Adolescente.** Rio de Janeiro: Objetiva, 2005.

MULLER, L. VITIELLO, N. **500 Perguntas Sobre Sexo.** Rio de Janeiro: Objetiva, 2001.

OLIVEIRA, E. **Novo Atlas do Corpo Humano.** São Paulo: Klick Editora, 2001.

OLIVEIRA, V.B. BOSSA, N.A. **Avaliação Psicopedagógica da Criança de Zero a Seis Anos.** Petrópolis, RJ: Vozes, 1994.

OLIVEIRA, V.B. BOSSA, N.A. **Avaliação Psicopedagógica da Criança de Sete a Onze Anos.** Petrópolis, RJ: Vozes, 1996.

OLIVEIRA, V.B. BOSSA, N.A. **Avaliação Psicopedagógica do Adolescente.** Petrópolis, RJ: Vozes, 1998.

OSÓRIO, L.C. **Adolescente Hoje.** Porto Alegre: Artes Médicas, 1989.

SEIXAS, A.M.R. **Sexualidade Feminina.** São Paulo: Senac, 1998.

SPITZ. R. A. **O Primeiro Ano de Vida.** São Paulo: Martins Fontes, 1998.

WINNICOTT, D.W. **A Família e o Desenvolvimento Individual.** São Paulo: Martins Fontes, 2001.

WINNICOTT, D.W. **A Criança e seu Mundo.** Rio de Janeiro: LTC, 1982.

YOUNG-EISENDRATH, P. TERENCE, D. **Manual de Cambridge para Estudos Junguianos.** Porto Alegre: Artmed Editora, 2002.

Sites consultados:

www.aids.gov.br

www.mec.gov.br

www.lauramuller.com.br

SOBRE A AUTORA

Laura Muller é psicóloga clínica, especialista em sexualidade e comunicadora social. Todo sábado, Laura esclarece dúvidas sobre sexo no programa Altas Horas, de Serginho Groisman, na TV Globo. É palestrante da área de sexualidade em empresas, escolas, universidades e demais espaços para eventos. Atende jovens, adultos, casais e famílias em seu consultório particular em São Paulo. Escreve para jornais, revistas e internet, como a coluna "Sexo Sem Neuras" publicada quinzenalmente no site iGirl, do portal iG, e a coluna "Sexualidade" todo mês no site Bayer Jovens. Também oferece conteúdos educativos em sexualidade por meio de seu site www.lauramuller.com.br e suas redes sociais.

É autora de quatro livros sobre o tema sexualidade. O primeiro deles é "500 Perguntas Sobre Sexo – Respostas para as Principais Dúvidas de Homens e Mulheres" (Rio de Janeiro: Objetiva, 2001). O segundo, feito com base em palestras e outras ações para o mundo jovem pelo Brasil afora, é "500 Perguntas Sobre Sexo do Adolescente – Um Guia para Jovens, Educadores e Pais" (Rio de Janeiro: Objetiva, 2005). O terceiro livro é "Altos Papos Sobre Sexo – Dos 12 aos 80 Anos" (São Paulo: Globo Livros, 2009), inspirado nos bate-papos que realiza no programa Altas Horas desde 2007. E o quarto é este aqui: "Educação Sexual em 8 Lições – Como Educar da Infância à Adolescência, Um Guia para Professores e Pais" (São Paulo: Academia do Livro, 2013), atendendo a pedidos de pais, professores, gestores e educadores em geral.